日本、一億人総幼稚時代

細井みつを
Mitsuo Hosoi

文芸社

プロローグ

僕は、いわゆるこころの狭い人間であると思います（女性に関してではありません）。平たく言うと、くだらない正義感が常につきまとうのです。たとえば、駅構内を歩いていれば、階段の上り下りの通行区分を守らずに、堂々と平気な顔で逆行してくる輩《やから》を見ると、「けしからん！」とイライラするし、クルマで移動すれば、右折車線のない右折待ちの際には、後続の直進車が通過しやすくなるよう、なるべく曲がる方向へ寄って待つのが常識的なマナーであり、思いやりであるのに、ど真ん中で右折待ちをして、後ろに渋滞をつくっている輩に遭遇すると、「周りに気配りができない、なんて自己中な運転手なんだろう」と嘆いたりしています。そして気をつけて周りを見ると、顔やら仕草や態度から、「あぁ、たぶん僕と同じ思いなんだな」という人にも遭遇しますが、その中でも極めつきだったのが外国人（たぶんアメリカン）です。

それは、駅構内の上りの通行区分の階段の途中で、件の外国人が逆行して下りてくる日本人に向かって、「ココハノボリヨ！　あんたバカ？　ヘイユー、バカネ！」と、すれちがうたびに注意と言うか、悪く言えば罵っていました。

僕はその光景を目の当たりにして、日本人として恥ずかしいと思いましたが、反面こころの中ではその外国人に、「ブラボー！」と、スタンディングオベーションをしている自分がいたりします。

「いいじゃない、それくらい……」と思う人もかなりおられるかもしれません。世間では、そういう人のことを「こころの広い人」だと言うのかもしれませんが、果たして本当にそうでしょうか？

マナー違反に対して、目を瞑ってくれるこころの広い人達……でも、たとえばあなたが、このままマナー違反を繰り返し、将来どこかで厳しい注意をされたり、生き恥をかいた時に、あなたを守ったり、保証をしたりしてくれることは決してありません。そして、それらの人の多くはおそらく、「自分の普段の素行を省みたら、人のことを言えない」と言うに違いありません。

たしかに、そのとおりかもしれません。いわゆる「他人には厳しいくせに自分には甘い」的な自己嫌悪に陥るのではないでしょうか？

しかし、それらを不問でよしとするならば、世の中の秩序やルールとマナーは、いらなくなります。また、道徳も成り立たなくなるでしょう。

けれども、僕の大好きな作家の曽野綾子先生がご著書の中で、「世の中、良いことだけしている人なんて絶対いないし、だからと言って、悪いことばかりしている人も決していない」というようなことを述べていらっしゃいますが、それはきっと、人間誰しも少なからず弱い（悪い）面を持っているし、また悪人ながら良い面も少なからずあり、善人・悪人の紙一重の中で社会は成り立っているものだとおっしゃっているのだと思います。

それならばむしろ、「人のことを言えない」と思うのではなく、「お互いが気をつけ合いましょう」というモチベーションを持って、社会のルールとマナーを守り、遂行する意識を高め合うことが大切ではないでしょうか？　だからこそ読者の皆さんには、僕が言うところの「くだらない正義感」を持っていてほしいのです。

性悪説的に言っても人間は弱いものですから、「みんながやっているから僕もやっていいだろう」というこころのほころびが、群衆心理に従って、やがて大勢の人々に広がり、徐々に秩序を乱すのです。

しかしこの群衆心理は、考えようによっては、一気に良い方向に向かうこともできます。すなわち、「みんなが（マナー違反を）やらないから僕もやらない」とか、「みんなが守っているから私も守ろう」とか……形勢の逆転も可能です。

では、人はどのようにしたら、これらのことを遂行していけるのでしょうか？

それにはやはり、人を慮《おもんぱか》れるこころをいくつ年齢を重ねようとも磨き続け、さらに人の気持ちに気付くことのできる、広い視野を持つことに尽きるでしょう。

世の中では、周囲を見渡せる広い視野を持ち、こころ遣いができる人のことを「大人」と呼び、視野が狭くて、周りの人の気持ちが見えず、気付けない人のことを「子供」と言います。

そしてそこには、年齢はいっさい関係ありません。すなわち、大人のような立ち居振る舞いができる子供もいれば、子供のような狭い視野しか持てない自己中心的な大人もいます。

ただ、残念なことに現在の日本では、その子供のような大人が年々増えている気がしてなりません。

『日本、一億人総幼稚時代』この本のタイトルの由縁がここにあります。

えっ？　日本の総人口は、1億2692万人じゃないの？　ですって……それは、「せめて2692万人は大人でしょう……いや絶対に大人だ、大人じゃないと困る！」と思う僕の希望的観測です。

このようなわけで、「なぜ日本人は成熟できないのか？」を本書では分かりやすく紐解いてみたつもりです。

プロローグで、「同感！」と思ってくれたり、今日の日本の世の中を「けしからん！　なっとらん」と声を大にして言いたいと考えている貴兄。はたまた日頃、これからの世の中、子供をいったいどのように躾て、教育していけば良いのかとお悩みの若きご両親達。どうか難しく構えず、肩の力を抜いてサラッと読んでいただきたいのです。そして胸の奥からスカーッと溜飲を下げてほしいと、こころから願っている次第です。

目次

列車内で垣間見る現代日本人のこころの病　53

お父さんはお友達　62

人間は不平等　166

右傾化と左傾化、どちらに軍配？　217

はじめに──逝きし、良き日本の面影はいずこへ

僕は昭和36年生まれの若輩者で、読者の皆さんの中には、僕よりも先輩の方が大勢いらっしゃることと存じますが、少しだけ最近の日本についてお話しします。ご容赦ください。

皆さんは、最近の日本をどう見ていますか？　これは僕個人の思いであり、外国で暮らしたことがないので想像になりますが、諸外国よりは治安も良く、あらゆる面を考慮しても住みやすくていいいかなぁと思っていました。

けれども僕は最近の日本を見て、もちろんこれからお話しすることは、すべての人がそうであるというわけではありませんが、あまりの日本人のマナーの低下に、手放しで日本は住みやすいと思えないでいます。

礼節と道徳を重んじ、人を慮るかつての日本人のこころは、どこへいってしまったのでしょうか？　皆さんも道や駅構内、そして電車内、レストランやホテルといった公共の場で、そうお感じになられたことがあると思います。

しかしながら、外国人旅行者の多くから、日本人はマナーも良く親切だとも言われています。なぜでしょうか？　それは、日本人は体裁を気にするので、外国人に出会うような人目につく場所ではマナーも良く親切にして見せるのです。また外国人は「災害時に略奪もない」と褒めていますが、人目があり、みっともないのでしないだけです。

それはそれで日本人の長所であり、良いことなのですが、その反面、人が見ていないところではだらしがない一面も見せます。

皆さんは見たことがあるでしょうか？　高速道路を降りた一般道路に合流する立体交差などの緑地帯に投げ捨ててあるゴミの山々を。ほとんどが道中に車内で飲食したゴミで、自分のクルマの中をきれいにするためなら、外や他人様は汚れてもかまわないという利己主義で最低な行為であり、僕は同じ日本人として、とても恥ずかしくて悲しくて、見るたびに涙が出そうになります。

話が少しとびますが、ジョージ・ケリングという博士が発表した「ブロークン・ウィンドウ理論」という犯罪予防理論があります。理論名どおり、空き家などの窓が割れていない時は何も起こらないのに、割れたまま放置しておくと、そこは管理されていない無秩序状態の街と認識され、やがて凶悪な犯罪が増えて街が荒廃していってしまうので、そうなる前に、たった1枚の廃墟の窓でも割れたらすぐに修繕しましょうという犯罪予防理論です。

1994~2001年までの7年間の任期を主に治安の改善に尽力したニューヨークの名市長ルドルフ・ジュリアーニ氏は、この理論を実践してわずか7年間でニューヨーク市内の殺人事件率を70%も減少させました。その彼が、7年間のうちでもっとも力を入れて取り締まったことは何か？　それは「落書き」だそうです。このマナー違反ともいうべき軽犯罪を徹底的に取り締まった結果、殺人などの凶悪犯罪が激減したというから痛快ですね。

また日本でもこれを模範とし、真似た都市があります。それは、札幌市すすきのです。札幌中央署がすすきので、もっとも力を入れて取り締まったことは何か？　それは「違法駐車」だそうです。これもマナー違反ともいうべき軽犯罪ですが、徹底的に取り締まった結果、ぼったくりバーや暴力事件が激減したそうです。これらの「落書き」や「違法駐車」が、この理論でいう「割れた窓」になるわけですが、ほんの些細な犯罪を取り締まるだけで、凶悪な犯罪が激減するという良いモデルケースです。

しかし、これらの軽犯罪を「ルール・マナー違反」と括った場合、これからの日本の将来を僕は案じてやみません。なぜなら、僕の趣味のウォーキングで都内を歩き廻ると、先ほど述べたゴミのポイ捨てや不法投棄、さらに落書きや迷惑な違法駐車などに、あまりに多く遭遇するからです。その件数の多さから各管内の警察署が取り締まりきれない現状を目の当たりにすると、全国の都市近郊で凶悪な犯罪が増えて治安が悪化している状況と、今の日本社会におけるルール違反やマナー違反の頻発やその放置は、決して無関係ではないと思います。

２００３年頃に、昭和40年代前後に活躍したセ・リーグの名主審、平光清《ひらこうきよし》さんの講演会がありました。演題は忘れましたが、平光さんもその頃から日本人のマナーの低下について案じていました。

お話によると平光さんは、お仕事の関係でアメリカのニューヨークに長期滞在していた時があったそうです。その頃のニューヨークは、すでにジュリアーニ市長によって街が改善されたあとだったらしく、想像以上の治安の良さと、何より市民のマナーの良さにとても驚き、感心したそうです。

当時の平光さんは、日本の公共の場でのあまりのマナーの悪さにほとほと辟易していたらしく、「日本よりニューヨークのほうが住みやすいので、本気で永住を考えた」とさえ言い切っていました。

ただ残念なことに、ジュリアーニ市長の任期最後の年、２００１年に、悲惨な９・11アメリカ同時多発テロが起きてしまいましたが、他国籍民によるテロの恐怖があることは否めないものの、ニューヨーク市民のマナーを守ることによる秩序や治安の良さは維持され続けているようです。

なぜでしょうか？　それは「自由の国」と謳うアメリカでは、国民が自由の意味を履き違えないように、厳しく戒めている教訓があるからです。それは「自由とは、社会のルールとマナーを守れる人に初めて与えられるもの、それが自由なのだ」という教えです。だからアメリカ人は、たとえ他人でもマナー違反者に対してはとても厳しく叱りつけます（自分の失敗談ですが、たばこを吸っていた15年くらい前に、ホテルのコーヒーラウンジで禁煙コーナーと全く気が付かずに吸っていたら、アメリカ人にものすごい剣幕で注意されたことがあります……）。

そしてこのアメリカの教訓を逆に言うと「ルールとマナーを守れない人に自由を与えてはいけない」ということになり、日本の具体的な事案に置き換えると、前述した「立体交差の緑地帯にゴミを投げ捨てる輩には自由を与えてはいけない」ということになります。

すなわち自由と、ルール・マナー違反は対極の意味を持つのです。

ところが戦後の日本は、やたらに自由・自由と、自由の権利ばかりを訴えて、公より個を主張する個人主義の一部の国民を甘やかしてきました。それは、政府（体制側）が防衛のためといえども大東亜戦争（第二次世界大戦）に「参戦」という選択をして、国民多数の尊い命を犠牲にしてしまった、後ろめたさからくる反動といえます。しかしそれが、体制側の決めたことに背く自由や権利を増幅させ、国民に拡大解釈させてしまい、いつしか自由とわがままが混同する世の中になりました。

こうして今の日本は、ルールとマナーを守らないわがままな人にも自由が与えられてしまっているのだと僕は思います。

また戦後の親や教師は、本当に子供を叱らなくなりました。僕は子供の教育や躾において、口で何度叱られても反省しない子供には、お父さんや先生のげんこつ、お母さんのお尻ぺんぺんといった体罰はとても大切なことだと思っています。僕も親にそう育てられて感謝していますし、自分の子供にも同じように躾てきました。

最近の体罰で問題なのは、子供を叱っているのではなく怒っているからです。自分の思いどおりにならない子供を憎らしく思ってしまい、度を超えた体罰になるのが問題なのです。

かわいい子供が将来立派な大人になってもらうようにと願う、愛情を込めたげんこつやお尻ぺんぺんは「叱る」という正しい体罰であり、そうやって子供達は道徳心や礼節を身に付けていくのではないでしょうか？

ところが学校は「道徳」という授業を久しく蔑ろにし、最近では「ダンス」の授業を必修にしたというから僕はとても疑問に思っています。道徳心があり、マナーを守れる人に初めてダンスをする自由があるのであって、まず道徳が先でしょ？

以上のことから、僕が思うのは、これからの日本を背負って立つリーダー（首相）の資質とは何か？　です。それは、リーダーの資質にはやはり「利他のこころ」が求められると思うのです。利他のこころとは、利己主義・自己中心的な考えと対極にある、世のため人のためのこころであり、広げていくと、世界のため地球のためのこころです。それは、ポジティブで外向きでとても外交的な考え方です。

反対に利己主義・自己中心的とは、非常にネガティブで内向きで危険な考え方です。自分さえ良ければいいと、他人や周りを思いやれない内向きな考えだから、ルールやマナーを守れないわけですし、自分の国さえ良ければ他国はどうなってもいいという利己主義で内向きな考えが戦争や紛争を起こさせるのです。

世界中の人々が、各国で利他のこころを持ってルールとマナーを守っていれば、戦争や紛争がいつの間にかなくなり、世界全体の治安や景気も良くなってくる……そんな究極の地球規模の「ブロークン・ウィンドウ理論」の成功を願ってやみません。

そして我が国日本はもともと、古代から素晴らしい人種の素晴らしい国なのですが、さらに我々ひとり一人が、利他のこころを忘れずにルールとマナーを守っていくと、この国と共に人生を気持ちよく幸福に過ごすことができるはずです。これらを遂行していくとやがて、日本国民が人間としてさらに成熟していく、そんな素敵でより強い国になって行ったら、こんなにうれしいことはありませんね。

褒め合うだけで、批判をしない最近の日本の若者（傷の舐め合い？　でもこころが成長していかない）

1．「カワイイ」は誉め言葉か？　それとも……

30代以上の読者さんにお伺いしたいのですが、最近の若者って、もちろんSNSなどでの無責任な批判もありますので、おおむねですが、友人同士、褒め合っている姿をよく見かけませんか？　特に女性同士に多く見かけたりします。そして二言目には「カワイイ、カワイイ」と……男性同士だとさしずめ、「超カッコよくね？」ってとこでしょうか？　しかも近頃じゃ、大の大人も特に朝番やワイドショー、バラエティー番組でも男女年齢を問わず「カワイイ、カワイイ」と、ほかに何も言えないのは、日本語力や表現力の低下もひとつの要因と考えられます。たとえば、気持ちの悪いものやゲテモノまで、さらには口が悪いですが、ブスでもブ男でも、特に芸能人に「カワイイ、カワイイ」と言うので、思わず、「いったいどこがカワイイんだよ」と言いたくなってしまいます。どうやら彼女らは、本来の意味を逸脱してしまい、褒め言葉として使っているようなのです。だから、使い方を間違えてしまっているのでしょう。しかしながら、目上の人に言っては、誉め言葉が一転とても失礼にあたるので、僕は「なぜ周りが教えてあげないのかねぇー？」と思いながら、言われた年上の人や重鎮さんがいつ怒りださないかと、ハラハラドキドキしながら聞いています（この場合は、他人に失礼なことをされているので、叱るではなく、怒るという表現でいいと思います）。

そして最近、極めつきだったのは、秋篠宮家のご長女、眞子さまが、空港到着時か、ショーファーリムジンの降車時での出来事です。ひと目、眞子さまを見ようと集まった観衆から、「カワイイ」という言葉が飛び交い、歓声があがった映像が、夕方のニュース番組で流れました。

これはもう最低のひどいマナーで、昔の封建社会ではおそらく、かなり厳しい御裁きを受けただろうなと僕は思いました。眞子さまは、皇室（ロイヤル）なのです。ヨーロッパで言うならば王族であり、日本で言えば天皇家の皇族であり、位で言えば最上位の公家なのです。その、自分より目上の人に対して「カワイイ」は、決して言ってはならない言葉です。一般人で同年代同士では誉め言葉であっても、年上や目上の人に対して「カワイイ」は、「まだお前は半人前なんだよ」という意味になって、失礼極まりない言葉なのです。

これは昔だろうと現代だろうと、正しい国語力のある人ならば誰でも知っています。その一方で、これだけメディアや世間が誤った使い方をしているのは、教師や親達が教育してこなかったことにほかならず、国家として恥ずかしいと思って、猛省していただきたいものです。そしてこの場面で、親が子供と一緒にいたとしたら、いったい何割の確率で、子供を叱れる親がいるでしょうか？　おそらく現代の国語教育では、それは皆無に近いでしょう。いやそれどころか下手をすれば、親でさえ「カワイイ！」と歓声を上げるのではないでしょうか？　もしそうなら、ぜひ反省してくださいね。

さらにもっと情けないと感じたのは、報道する側の人達に対してです。その放送をしたテレビ番組で、眞子さまの映像を流したあとに、アナウンサーが、「ちなみに、皇族の方に向かって一般人がカワイイと言うのは失礼にあたりますことを、念のため申し添えたいと思います」と、ひと言コメントがほしかった。正しい国語や表現を伝え、遂行していくのが、あなた方の仕事なのですから……。

話が横にそれてしまいましたが、「カワイイ、カワイイ」といった相手を褒め合う現代の若者の深層心理とは、いったいどのようなものなのでしょうか？　それは、相手に自分を非難、あるいは批判をしてほしくないという自己防衛であり、予防線です。その心理はすなわち、「私も褒めて」という見返り要求の行為にほかならず、逆を言うと、「あなたをこれだけ誉めているのだから、私を批判したり、叱ったりしないで」ということだと思います。それは、叱られたことや批判されたこともなく育てられたので、現代の若者は異常なほど、叱られることを嫌がり、避けるのです。

本来なら、ダメな点を指摘されることで説教を受けられ、学びを得られる貴重な機会と言えるのですが、それを嫌うのですから、大変もったいないことですし、幼稚なまま、大人になってしまいます。それを必死で阻止しようと、本人のためを思って説教をすると、逆上して暴力を振るわれたり、時には殺されたりするのですから、考えてみたら、とても怖い荒廃した世の中ですよね？　けしからんです。ホントに……。でもこの青少年達の逆ギレも、僕ら大人や親達が、教育をしてこなかった責任であることも、決して忘れてはならず、これからは真摯に取り組むべき問題です。

次に、「ヤバい」です。何がヤバいのかですって？　僕が最近の若者の間違った言葉の使い方で、もっとも嫌いな言葉のひとつです。本来は「危ない」とか、「まずい」「よろしくない」という意味で、件の僕らの時代のツッパリ達が引用していた「やべぇー、先公だ！」の常套句のほうが正しい使い方です。

しかし、最近の使い方ですと、否定ではなく、肯定で使われることが多いようです。たとえば、おいしいものをいただいたときに、「ヤバい、ヤバい」と、若者は男女を問わず連呼します。それを聞いて、「何がヤバいんだよ、毒でも盛られて死にそうなのか？　おまえ」と言いたくなるのは、僕だけでしょうか？

どうやら「すごい」とか、心情的に揺さぶられておかしくなりそうなくらい良い、好き、おいしいといったような意味で使うようです。

しかし、決して本来の意味ではなく、間違った使い方なのですが、これもボーダーレス社会のせいか、変な子供への迎合主義と言いますか、最近では「若者言葉」と片付けられ、中辞典では「そのように肯定されて、広く使われるときもある」と記されているから驚きです。「カワイイ、カワイイ」「ヤバい、ヤバい」……ますます、日本語の美しい表現に乏しい日本人を増やしていくだけですね？　若者言葉とはいえ、幼少期の女の子がおいしいものをいただいたときに、「ヤバい、ヤバい」なんて男言葉を吐いたら、昔だったらお父さんに、「こらっ！　どのお口がそんなことを言ってるんだ！」と言って、口の端を泣くぐらいの痛さで、つねり上げていたと思います。僕の姉も、言葉遣いが乱暴なときに、よくつねられていました。

まあ、「ヤバい」という言葉は、標準語ではなく、あくまで俗語ですから、ある程度ＴＰＯをわきまえたうえでは、使い方は自由なので、僕もあまりうるさいことは申し上げません。が しかし、それはあくまで、仲間内や対等の立場同士の者達の間で使う言葉と思ってください。

したがって、目上の人がいる前だとか、前述のお店やよそでおいしいものをいただいたときの賞賛や感想を述べるときには使うべき言葉ではないし、そこで表現力の有無が大切になり、品性が大きくものを言うのです。

では、このような場合、どのような言葉で相手に伝えたらいいのでしょうか？　それは、そのままの意味をこころを込めて伝えたらいいのです。「とてもおいしくて、驚いています」とか、「あまりにおいしくて、感動しています」など、そこが表現力であり、日本語の魅力です。どうですか？　あまり難しく考える必要はないでしょう？

このような言葉が、瞬時に出てくるようにするためには、手前味噌で恐縮ですが、たくさんの本を読むことです。雑誌でもかまいません。それらは生きた国語の教科書です。さらに、日本語の素晴らしいところは、英語ですと、「Me」で片付けられる表現も、日本語なら、私、僕、俺、あたし、わし、自分、小生、おいら、そして、アチきと、思いついただけで、自分を指す表現がこれだけある、世界的に見ても希少な国語なのです。

たとえば、英語の文章や手紙ですと、内容によっては最後まで書いた人間が男か女か判別しにくいときもあるということです。

ちなみに僕は、昔も今もあまり「ヤバい」という言葉は使いません。もっぱら「まずい」派です。

2. 青少年の「分際」とは？

ここで、「でも相手を誉めることは、賛美をしているのだから、良いことなのでは？」という疑問が出てきそうですね。無論、件の下心が全くなく、こころから誉めているのなら問題はありません。しかしながら、もしお世辞と捉えると、やはり僕らが若い頃の、同年代の女の子達とは少し様相が違い、現代の女の子（男の子）達の特徴であると言えます。

ふつう、子供達や若者はお世辞が苦手です。いや、苦手どころか、こころの中で思っている本当の気持ちを思わず口に出してしまい、親に叱られたりしてましたよね？　経験ありませんか？　親が近所のおばさんと立ち話をしている時、親がおばさんにお世辞を言っていると、「へーえっ！　でも〇〇だよね」とか余計なことを言って、「こら、そんなこと言うんじゃない！」なんて。きっと誰もが経験あることだと思いますが、社会秩序の経験に乏しい高校生くらいまでは、大人的お世辞は、言うのも言われるのも苦手だったはずです。

ところが現代の若い人達は、良く言えば、周りの空気を読む協調性には長けているようですが、その反面、それは自分を抑えて隠すことに繋がるわけで、「いい子」のふりが昔の子供や青少年達より、上手だと言えます（本当にいい子ももちろんいます）。

以上のことを踏まえると、いったい何が見えてくるのでしょうか？　それは大人社会で蔓延している「偽善」が、子供や青少年の社会にも広がっているということでしょう。

僕らの時代は、青少年の「ワル」はとてもわかりやすい時代でした。ヘアスタイルは、オールバックかリーゼント、格好は、ハイウエストのボンタン、女の子は極端に長いスカートといった出で立ちで、学生鞄はペッチャンコ（勉強は嫌いだから、鞄に教科書などは入っていないことをアピール）の体です。でも、「悪」ほどではなくて、あくまで「ワル」なのです。

どういうことかというと、大人の悪のように表と裏の顔、すなわち偽善がないのです。まず、格好からして偽善がないですよね？（笑）「どうぞ、ワルと思ってくださいね」という姿なのですから。彼らは、タバコを吸わしてもらえる喫茶店を見付けてはタバコも吸うし、風紀の見回りの先生を仲間に見張らせて、学校のトイレでもタバコを吸うし、他校生とケンカをするけれども、電車内ではお年寄りに席を譲ったりもする。そして先生や大人にも一目を置き、尊敬もしていました。

かくいう僕はというと、当時はスケートボードに夢中だったこともあり、ちょっとしたサーファールックに凝っていました。

スケートボードは、冬の海に入水するためのウエットスーツがまだなかった時代に、サーファーが冬でも陸でサーフィンの練習ができるようにと考えられたものがルーツなので、当時はまだサーフィンブランドもスケートボードブランドも、ボードからファッションウエアまで、ほぼすべてが同じブランドでした。

故に、硬派なツッパリのリーゼントスタイルに対して、僕はマッシュルームカットという、対局的でナンパな出で立ちでした。

でもなぜか僕は、彼らともよく付き合っていました。決して彼らを肯定するわけではありませんが、屈託がなくて一緒にいて気持ちがいいのです。清々しいと言うか、反社会的にも似た「反逆児」っぽいのに、お年寄りに優しかったり、席を譲ったり、「弱きを助け、強きを挫く」ですよね。そして何より、現代《いま》の若者と決定的に違うのが、彼らはキチンと大人や先生を怖がっていました。

「キチンと」なんて変な言い方だと思われる方もいらっしゃるかもしれませんが、とても大切なことなのです。すなわち、それが子供達や青少年の「分際」だからです。分際と言うと、時には差別的にも取れる言葉ですが、それは悪い引用の仕方であり、人間社会にとって大切なものです。どれだけ大切なものか、お知りになりたければ、曽野綾子先生が、『人間の分際』という本を執筆されていますので、機会があれば読んでみてください。

僕は何やら、最近の日本人の秩序やすべてにおける人間関係の乱れは、この「分際」をうやむやにして、蔑ろにされていることに大きく起因しているように思えてならないのです。

「やべぇ、先公だ！」件のツッパリ達の常套句です。その頃は、怖い風紀の先生にワルさを見付かり捕まると、往復ビンタかケツ竹刀がとび、三日停学の処分もあります。当然ながら親にもバレて大目玉をくらい、停学明けに這《ほ》う這《ほ》うの体で登校してきます。決して教師に対しての校内暴力はなかったし、ましてや親に対しての家庭内暴力なんて、僕の身の回りでは聞いたことがありませんでした。それは、世の中に対して精一杯ツッパリしていた彼らにも、自分の「分際」をわきまえるこころがあったからであり、それがすなわち、叱り躾られて、育てられたからにほかならないと思うのです。

3. 分際を見失った現代（今時）の子供達、見失わせた大人達へ

現代《いま》の青少年の悪口ばかりを言うわけではありませんが、比べてみるといかがでしょうか？まず、悪いことをする子供が本当に分かりにくい。家庭内暴力やその他の犯罪を起こして警察に捕まった青少年や、学校内で教師に対して暴力を振るったり、集団のいじめでなかなか姿を現さない黒幕の生徒が、七三の横分けでおとなしそうな出で立ちであるのを見るに及ぶと、僕は空恐ろしくて仕方ないのです。

そして、このような青少年の十中八、九が、誉められるだけで育てられ、叱り躾られて育ってこなかった子供達であり、僕ら大人（親）の責任でもあるのです。このような子供達は大人を怖がらないし、一目も置きません。

件の雷おやじ、げんこつおやじ達が、「子供が親や先生を怖がらなかったら、おしめえよ」とは、昔からよく言っていたものですが、そのとおりです。しかし、一部の偏向教育者や学識者らは、子供を怯えさせてはいけないと言います。本当でしょうか？　いいえ、違います。正しい教育と子供の「分際」とは、悪いことをしたら親や先生、そして周りの大人達にいつ叱られるかとビクビク怯えながら、道徳や秩序を学んでいくのが正しいのです。

今から15年くらい前だったでしょうか？　某テレビ局のレイトアワーのニュース番組で、ある公立高校の生徒の反乱について報じていました。記憶が曖昧で大変恐縮ですが、学校側に不正や落ち度があったわけではなく、たしか校則だか、体育祭か文化祭だかのあり方について、生徒が学校と校長先生に文句をつける意味で、授業をボイコットしたような事件です。

その事件を報じたあとに、番組のキャスターがこのようにコメントしました。「まあ、学校側はこのような揉め事に際しては、真摯に受け止めて、校長と生徒会長とで、じっくり話し合ってください」だって……。すみません。読者の皆さんに読んでいただきたい文章の表現に敬語を使わないで。でも、どうして僕が敬語も使わず「だって」などという言葉を使ったか、お分かりになっていただけるでしょうか？　あまりにも馬鹿げたコメントで、敬語も使いたくないくらい呆れたからです。

そのニュース番組の翌日に、僕の地元の県議会議員さんにお会いすると開口一番、「細井さん、昨夜の某テレビ局のニュース番組を見たかい？」と訊ねてきました。僕が見たことを告げると、「まったく、どうしようもないな、某テレビ局もキャスターも。ねぇーっ、細井さんどう思う？　いつからこの国は校長と生徒が対等になったんだよ。ねぇ？　そういうことでしょ？　まったく馬鹿げてるよ。こんな番組が罷《まか》り通り、平気でテレビで放映されてるんだから、おかしな国になったもんだよ、ホントに……」と、かなり御立腹でした。僕もまったくの同感であり、異論はありません。さらに御立腹は続き、「私立だろうが、公立だろうが、校則と校長先生が絶対であり、生徒の『分際』で話し合いなんて存在しないんだよ。校長と生徒の関係はトップ・ダウンで、『学校の校則に従いなさい』の命令形で、『従わない場合は退学処分です』が道理であるべきだ」と力説していましたが、これは正論です。

なぜなら、入学前に学校の手引きなどで校則が記載してあり、それに同意をした者のみが入学を許されているはずか、あるいは了承していることが前提だからです。また、そうでなければ、学校そのものの秩序や統制はどのように取れば良いのでしょうか?

このような場合は、学生の分際で学校に文句を言うのは誤りで、親が学校のPTA会合の時などに、生徒に代わって発言するのが正しい方法です。そのためのPTAなのですから。その順序を踏まえたうえで、校長先生がヒアリングのために意見を求めたり、許された生徒のみが、初めて発言するのが正しいのです。

読者の皆さんは、この手順を厳しすぎるとお思いでしょうか? でもこれくらいの厳格さがなければ、僕は世の中の秩序は、崩壊すると思います。一部の偏向教育者や学識者達は、「平等」を「公平」と履き違え、「対等」という権利を主張したがりますが、それは大きな間違いであると僕は思います。「分際」をわきまえたうえで、初めて平等や公平は成り立つのです。

なぜなら人間は、人間の根幹に関わるもの、たとえば「命」だとか「生きる」ための道義的なものは、平等であるべきですが、「人間の社会」では、不平等はあたりまえです。すなわち、親→子、大人→子供、教師→生徒、会社の上司→部下、等々、社会には「序列」という名の不平等があり、これは必要なことだからです。

にもかかわらず、その序列は人間社会の正しい秩序であると、きちんと教育しないどころか、ここ近年では、変な偏りのある「人権・人権派」と主張する教育者や伝える者が現れ、序列を平たくして、上と下をなるべく差のないように近付けようとするのです。いわゆる横文字で言うと、ボーダーレス社会がそれです。その中には、子供中心主義的な子供への変な迎合であると、『国家の品格』の著者で有名な、藤原正彦先生もご著書の中で触れています。

その結果、若者が子供の頃から親や教師を怖がらない現象を生み、その行く末で校内、家庭内暴力が頻繁に起きるのです。なぜなら、誉められるだけで育てられ、躾られていないから、自分の分際がわからないでいるのです。故に、社会的秩序の乱れを生みます。そこでその乱れを叱るために、秩序や序列を教えてくれる貴重な雷おやじ、げんこつおやじ達がいるのです。けれども、偽善教育者らは、子供をげんこつなどの体罰で怖がらせてはいけないと言います。

そんな躾で育ち、分際をわきまえない子供らが、やがて社会人になると、我慢を教わってこなかったから、今度は少しでも気に食わないことがあると「〇〇ハラスメント」だと騒ぎだします。その分際のなさが、社会人の人間関係をもぎくしゃくさせているのです。
もちろん、ハラスメントを受けた側がうつ病になったり、自殺するようなゆきすぎはあってはなりませんが、昔はえらくなるために、忍耐力や我慢をそうやって身に付けていったものです。

僕は親父に、「男なら、仕事上で一度は悔し泣きをしてみろ」と教わりました。気に食わないとか、害として捉えるのではなく、精神力の強さを身に付けていく機会と考えていくことも必要ではないでしょうか？　いつまでも坊っちゃん嬢ちゃんでは、会社やましてや社会に、貢献できるはずがありません。

また、会話にしても、パワハラだ、モラハラだ、セクハラだとすぐに騒ぐのではなく、自分が興味のない気に入らない話でも、ちょっとしたウイットトークや、目的として嫌味のないエッチ話などには、もっと聞く耳を持ちましょう。健全な上司がそんな話をする時は、社内の人間関係の潤滑油にする目的で話をすることがほとんどだからです。

逆に、こんな女性達もいます。これは僕が、知り合いの若い女性達から直接聞いた本当の話ですが、「わがままで子供みたいな連中が、何かと言うと、セクハラと騒ぎだすから、男性社員や上司が怖がり敬遠するので、つまらないし淋しい。お酒の席にも誘われたいし、ウイットトークや恋話も楽しみたい。そんなコミュニケーションをしたいと願っている女子社員がいることも決して忘れないでほしい」と主張していました。20代の美しい女性達がですよ。世の男性諸君やお父さん方！　この言葉に感謝感謝ですね？

僕は、このように主張する女性（娘）達の家庭環境を推測すると、とてもご両親が厳しくかつ良い教育をされてきたのだろうと思うのです。さらに父親が厳しいながらも、コミュニケーションやスキンシップを大切になさってきたのだろうと思い馳せます。幼い頃からそのように育てられると、どんな考え方に対しても対応できる、柔軟なこころと対処法が身に付くのです。にもかかわらず、最近よく耳にするのが、セクハラの言葉やボディータッチも、イケメンや好みの男性なら不問で、上司や好みでない男なら訴えるとうそぶく女輩《おんなばら》もいるそうですが、そんなのはもう、在宅勤務などの仕事を選ぶべきで、会社という一つの組織にいること自体が間違いであり、迷惑です。

ただし、さまざまなハラスメントで訴えられる上司も、大いに反省すべき点はあります。それは、別の項で申し上げたように、部下を叱るのではなく、ゆきすぎて怒っているから思いやりが伝わらないのです。正しく叱れば、訴えられることはないと思うのです。セクハラに関しても、必要以上のボディータッチは、笑顔が消える嫌がらせになるので、慎みましょう。

でも最近では、とても頼もしい男性の味方的な女性が現れましたよね？　昭和の世界（洋画）四大女優の一人、カトリーヌ・ドヌーブさんです。彼女は、「男が女性を口説くのは、セクハラではない」と、世界的にコメントというよりは、あまりにも大女優なので、声明を発信しました。と言っても過言ではないでしょう？　この発言は、うるさ型の世界の女性人権派の団体から、相当に叩かれましたが、よくぞバッシングを恐れずに言ってくれましたね？　んもぉー、スタンディングオベーションもので、大絶賛いたします。

「口説くのはセクハラだ！」なんて、小さいことを言っているから、先進国の晩婚化がさらに進むのです。

僕は、口説いたらセクハラだという女性の言葉そのものが、男性に対するセクハラだと思うのですが、男性諸君！　いかがでしょうか？

褒め合うだけで、批判をしない最近の日本の若者
（傷の舐め合い？　でもこころが成長していかない）

4. 勉強より大切なもの

ここで改めて我々大人達、親達に問いたい。ＩＱを高くして、学習偏差値も高くする。国語を蔑ろにして、日本語の正しい表現もできないくせに、鼻高に英語をベラベラ話すことに気を取られて、幼いうちから、躍起になって子供を塾に通わせる。そのようなことが、将来の日本に、どんな国益をもたらすというのでしょうか？

それよりも母国語をしっかり勉強して表現力を身に付けないと、いくら外国語を話せるようになっても、その国の人のこころには決して響かないので、学んでも無意味なことだとも、藤原正彦先生は言っておられます。

さらに現代の国際社会では、母国語で物事を表現できない人を信用してくれなくなり、ＡＩの技術で、いつでも同時通訳が可能となった昨今、世界中のビジネスなどのプレゼンは、母国語のままで行うのがスタンダードになるのだと聞いたことがあります。なぜなら、それがその国の人だという何よりの証となるからです。

ごもっともだと思います。欧米や中東の国々の人にとっては、日本語も満足に表現できない日本人はきっと、中国人や韓国人あるいは北朝鮮人と同じような顔をしているので、区別の見

極めがおそらくできないのだと思います。だからこそ国際社会で、「日本人」「日本の製品」と主張したいのであれば、小学校の頃から、国語をしっかりと学ばせる必要があるのです。

また国語力、語学力については、国家（政府）にも責任があります。それは、たいして役にも立たない英語の授業を、小学校の授業の科目にすることを義務付け、そのぶん時間割から、国語や算数を大幅にカットする方針を立てているそうです。そして削減された授業時間数は、先進国では最低の水準らしいです。それ以前にも、道徳の時間を削ってまでダンスの授業を入れてましたよね？　国はいったい、どんな日本人をつくろうと意図しているのでしょうか？理解に苦しみますが、皆さんはいかがでしょうか？

語学の習得は、その国で働かなければならない人以外は、あまり必要性がない時代がもうすぐそこにやって来ているのです。だから義務化ではなく、もはや趣味の領域にすべきで、ましてやもっとも大切な小学校の授業に組み入れるべきではない、僕はそう思います。

えっ？　世界の公用語の一つくらい身に付けないとですって？　でも公用語って、第二次世界大戦（大東亜戦争）後に戦勝国が勝手に決めたことで、なんの意味も根拠もないのです。そんなの後生大事にする必要性はありません。

前述したとおり、世界各国で開催されるプレゼンも、公用語を駆使するより、プレゼンする人や企業の母国語のままで行うのがもっとも表現力も豊かになり、こころに伝わりやすいのだ

褒め合うだけで、批判をしない最近の日本の若者
（傷の舐め合い？　でもこころが成長していかない）

そうです。故に大変好ましく、これからの国際社会では、それがスタンダードになる風潮らしいです。

これらのことを考えた場合、これからの国家とは、国民を教育していくセンスのよさが問われてくると思うのです。その観点に立った場合、昨今の日本政府が決めた教育方針、「道徳を削り、ダンスの課目を入れる」「国語・算数を削り、英語を課目に入れる」は、どう考えてもセンスの悪い教育方針としか到底思えませんが、皆さんはいかがでしょうか？

そして何より、学校教育よりも先に教育し、学ばせる大切なものがあります。それは、世の中の利を考え、相手の利を考え、そのうえで自分の利も考える。そのように人と人が助け合えるこころを持つ人間になれるように、「利他のこころ」を先駆けて教育していくべきではないでしょうか？

5. 親の子供に対する教育も、企業の社員に対する人材育成も同じ？ キーワードは「人をつくる」（人間の持つべきこころをつくる）ことなり

いくら世の中が、科学（化学）や技術の革新が進み最先端になろうとも、こころのない人のつくり手から、世のため、人のためになるものは決して生まれてこないのです。旧松下（ナショナル）電器産業株式会社の創立者で、今でも「経営の神様」と言われている故松下幸之助さん（以下、敬称略）のエピソードを僕なりにまとめたのでぜひここに、紹介したいと思います。

世の中に、白黒テレビがようやく一般に普及しはじめた頃のことです。各事業所の人事担当課長、主任を集めた研修会の席で、松下がある人事課長に聞きました。

「君がお得意さんのところに行って、松下電器は何をつくっているところかと尋ねられたら、どう答えるかね」

「はい、電気製品をつくっております、と答えます」

その答えを聞いた松下は、大きく厳しい声で諭しました。

「そんなことを言うとるから、あかんのや！　君ら人事の責任者は、人間を育成するのが会社の仕事であるということが分かっていないから、そんな答え方をするんや。松下電器は何をつくるところかと尋ねられたら、松下電器は人をつくるところです。あわせて電気器具もつくっ

ております、と答えられないかん」

その熱弁は続き、幹部らは松下の人材育成にかける熱い思いを感じたと言います。

「一つ、会社はまず、人をつくる」すなわち、良い会社、良い製品は、まず良い人間づくりから、という意味です。逆に言えば、自分（企業）が得をすることばかりを考える自己中心的で、未熟な人間の手からは、世のため人のためになるものは、決してつくれないし、生まれてこないという松下の持論です。これは商売の道理を考えたことですが、人間社会にもそのまま当てはめられる名言でしょう。

松下は実際に、取引先へ行く営業マンに、名刺交換をする際、「弊社はまず、人をつくって居ります。併せて電器製品をつくっています」と言うように伝えていたというお話も聞いたことがあります。それだけ松下の人材育成に対する情熱には、凄まじさがあったと、当時を振り返る松下側近の秘書が書いた著書に記してありました。

人が使うものが、日進月歩の著しい昨今の世の中に対し、各企業がこぞって、他社に遅れたり、負けたりしてはなるまいぞのごとく、競い合ったおかげで今日の人に対して便利な世の中になったことを、僕は否定はしません。けれども、あまりに企業利益を追求しすぎて、便利が本当に世のため人のためになっているのか？　省みるのがおろそかになってはいませんか？

ここで、少し歩を緩めて、件の松下の経営の原点に戻って考えてみましょう。

たとえればキリがありませんが、松下が電器産業の経営者でしたので、電器業界を例にしてみましょう。

以前、ある銀行主催の講演会で、糖尿病の権威である医学界の著名な教授の講義を聴講する機会がありました。「結論から言えば、糖尿病は筋肉の病気。だから米を食って、筋肉を動かすのが正しい」と、独自の持論を展開し、お話も大変お上手であり、ユニークでとても聞き取りやすい内容でした。要するに、糖分はダメだの、米など炭水化物は食べないなど、四の五の言うのではなく、運動をして米を食べなさいとおっしゃっていました。

その先生はさらに、昭和30~40年代と比べて、昭和50年代以降から糖尿病が激増している要因を、ユニークなデータを元に次のように論じてたのでまとめてみました。

「昔は、テレビのチャンネルを変える時、『チャンネルを回す』と言っていました。文字どおりセレクターが回転式であり、ガチャン、ガチャンという感触と音を感じながらチャンネルを変えていたわけで、リモコンではありませんでした。故に現代と違い、チャンネルを変えるためには、まず、立ち上がる、次にテレビの前まで歩いていく、次にテレビの前で中腰か四股立ちとなり、チャンネルを回して選局するのです。迷うとさらに四股立ち姿勢を強いられます。番組を決めたら立ち上がり、定位置まで戻り、最後にゆっくりと腰を下ろして、番組を変えることを終えます」と……。

さらに、「何気ない日常のこの一連の動作は、スクワットにも似て、大腿四頭筋やハムストリングをものすごく刺激して鍛えられるのです。ところが現代《いま》では、リモコンボタンを押すだけで終了です。この差は歴然で、一日あたりでは大きな差はないものの、一年単位で考えると、大きな差となって現れてくるのです」とおっしゃっていました。しかも、大腿四頭筋やハムストリングは、身体の中ではもっとも大きい筋肉なので、昔のテレビの選局は、糖尿病の予防には大変効果のある日常の動作なのだそうです。

それをサボれるというか、怠けられる「文明の力」リモコンの誕生は、果たして世のため人のためになっていると言えるのでしょうか？

歩行困難者や高齢のご老人の方々にとっては、ありがたい文明の力であっても、一方では、糖尿病の患者を増やし続けているのです。ですから、このリモコンという文明の力は、百点満点ではありません。

では、どうすれば良かったのか？

僕はこのように、文明の技術革新によってものが発明される時に、必要なことが二つあるように思うのです。

一つ目は、発明された便利と思われるものが、人に使われる時のメリットと、その対極に必ずあるはずのリスクデメリットを究極なまでに予測し続けること。

この、前文で表現した「便利と思われるもの」ということが、まず何よりも大切なつくり手の心構えなのです。たいして、リスクデメリットをリサーチもせずに、「便利なもの」と断言して世に送り、「デメリットは、使う人が過度の使い方で起こるもの」のごとく、「使いすぎに注意してください」で片付けてしまって、使う側にリスクを委ねるような販売姿勢は、企業の驕りと怠慢であると言わざるを得ません。一例として取り上げた電器産業界の家電部門の技術の精鋭者達は、リモコンを考案し商品開発した時に、約半世紀後に襲ってくる、リモコンによる運動不足という生活習慣から起こる糖尿病患者の激増を、果たして何割の方々が予測できたでしょうか?

それはもちろん、テレビだけではありません。洗濯、脱水、乾燥の三つが一つになった「全自動洗濯乾燥器」等の全自動（オートマチック）製品も然りです。

昭和30~40年代は、洗濯機・脱水機・物干しと、三つとも別々に作業しなければならない大変なものでした。僕の母は、「自分のものはなるべく自分でやる」の教育方針でしたし、小学校の頃から洗濯もやらされていたので、よく分かるのです。特に、洗濯機から脱水機に移す前の、洗濯物から余分な水分を絞る洗濯機の横っ腹に装備してある、「ローラー式洗濯物絞り器」のローラーを回すのが大好きでした。

これら三つの行程を別々の機械で行う場合、それなりの労力がいり、けっこう大変でしたよね？　水分を吸った重い洗濯物をそれぞれ三ヵ所に移動し、そのたびにしゃがむ、立つを繰り返す運動量と、水分を吸った重い洗濯物を一つも触らずに、最小限の移動と筋肉の使用で完結する現代の洗濯での運動量とでは、一年単位で考えるとやはり相当な差があるでしょう。

当時は、主婦の救世主的なキャッチフレーズを持ち、「家事の時間の短縮で、趣味やお出かけなど、時間を有意義に使いましょう」のごとく、大変重宝なものとなり、僕の母をはじめ世の女性達は、さぞや幸福だったに違いありません。しかしその一方では、運動不足による糖尿病の罹患者を確実に増やし続けているとも言えるのです。

そのほかでは、携帯電話の発明と普及も最たるものですよね。緊急を要する連絡や、仕事の業務遂行に、リアルタイムで連絡できることはとても便利です。さらには、子供にスマホを携帯させておけば、位置情報も確認でき、犯罪の抑止にも利用できる、一見すれば、あらゆる使い方と、便利の恩恵を受けられる万能器と思われるかもしれません。

しかしながら、これもその一方で、人類はさまざまなリスクデメリットを被り、将来を見据えて、真摯に取り組むべき問題になってしまいましたね。

まず、スマホも例に漏れず、ゲームのやりすぎによる、運動不足からの若年性糖尿病を増やし続けていること。それに付随して、やりすぎによる目の障害や脳の老化、そして極めつきが、電車内で座ってゲームに興じ、夢中になりすぎて、目の前にいる老人に気が付かずに、立たせたままでも平気でいる、周りに気遣いする目を失い、自己中に成り下がった輩。僕に言わせれば、これもひとつの「病」です。

さらに、位置情報や防犯警報による犯罪抑止の機能に頼りすぎている親御さんや学校の教師達には、「自己防衛」の教育が決定的に欠けています。それは、抑止の努力であり、義務と言っていいものです。平たく言うと、防犯システムのハイテク機能だけに依存し、頼るだけで、自分はなんにも自助努力をせず、下着が見えそうなくらいの極端に短いスカートを平気で穿いていたりする、これでは防犯上なんの意味も持たないのです。このような犯罪の抑止と教育が、今時の親や教師は分かっていないのです。故に電話に防犯などのさまざまな機能が搭載され、携帯できる便利さに頼りすぎている人間を生むスマホもまた、世のため人のための見地からすれば、百点満点ではありません。

枚挙に暇がなくなりますが、時間にだらしなくもなりますよね。人との待ち合わせなんて、今の時代はあってもないようなものです。いつでもどこでも、相手と連絡がとれるから、「ゴメン。10分遅れるけど、急いで行くから待っててね」とか、「30分遅れそうだから、先に行ってて……」など、相手を外で立ちん坊のままで待たせておくことをいくらでも回避できるから、時間的行動に甘えが芽生えるのです。

ところが、僕らの時代の待ち合わせは、ある意味で人徳を得られるか、信用を失うか、人の生活の中でも大変重要な位置付けと意味を持つものでした。特に外での待ち合わせの時などは、どうにも連絡のしようがないので、とても気を遣いましたよね？

しかしながら、これについては僕も例にもれずで、人のことを偉そうに言える立場ではございません。昔は、人を外で待たせてはなるまいぞと、30分くらい前に着いては、近くの喫茶店でひまを潰したものですが、最近では、取引先のお客さんとの待ち合わせ以外では、そのようなことは皆無で、今では、ぎりぎりに着くことがほとんどといった有様です。

二つ目として、ではいったい、これら世の中の体たらくを、企業や庶民はどのように改善していけば良いのでしょうか？

もし、松下が今も健在で、現代の体たらくを見ていたら、きっと自社の部下に、「おい君、いかんやないか！」と言ったに違いありません。厳しく部下を叱る時の松下の常套句です。そんな時には、本当に不機嫌そうに眉を吊り上げて怖かったと、当時の部下は振り返ります。

松下は、いくら企業がヒット商品を世に送り、儲かってホクホクでも、今の世の消費者の姿を目の当たりにしたら、決して喜ばなかったでしょう。なぜなら松下には常に、とても一途な経営哲学があるからです。それがすなわち、「世のため人のため」という企業の倫理であり、利他のこころそのものです。松下は、消費者を顧みず、企業の利、自分の利ばかりを考える企業は、必ず朽ちると言い切っています。

ですから、今の便利すぎる商品に、使う人々が頼りすぎて怠けないように、また倫理に負けないよう、ありとあらゆる知恵をしぼり、商品開発で尽力したに違いありません。

そこでまず、真っ先に着手したいのが、法の整備や各自治体による条例の整備でしょう。要するに、購入する個々の商品に年齢制限を設けたり、障害者の障害の度合いにより条件を変えるサービスを付帯させたりするのです。商品購入する際に、行政側がマイナンバー制度を有効活用すると良いと思います。それでも使用者を四六時中見張れるわけではありませんから、制限以外の人が使うことを取り締まり切れないでしょう。したがって、自転車による悪質な所業の取り締まりのように、見つけたら罰金を支払うような条例や立法を制定することが必要になると思います。

6．世のため、人のためのものづくりとは何か？

さてここまでは、庶民や消費者が自助努力すべきことを前提に述べてきましたが、今度は企業側の努力すべきことを述べたいと同時に、松下がもし今も健在だとしたら、どのような努力をし、知恵を絞ったのだろうかと推理しながら考察したいと思います。

まず松下なら、お客様の自助努力に甘え、企業の商品開発の努力を怠ったら部下に、「おい君、いかんやないか！」と言ったあと、「商品そのものに、若くて元気で五体満足な人も、高齢者も障害者も、誰もが自由に自動と手動の制御の割合を変えられる機能を持たせたらええんやないか？」と進言したのではないでしょうか？

すなわち、「オートマチックと人力（手動）」、あるいは「デジタルとアナログ」などの比率を、使い手によって、1対9～9対1まで自由に変動できる機能を持たせることです。ユーザーが購入する時に、メーカーがどのような購買形態を踏んでいくかに一考を要しますが、ユーザーの年齢と事情に合った比率のカスタムメイドと、年齢経過や生活の変動による比率の変更をアフターサービスで賄うことが必要になるでしょう。これらのメーカーによる操作は、すでに行われている、未成年者に見せにくい有害サイトへのアクセスを禁止にさせる操作に似たようなものです。

　そして海外に目を向けると、アップル社が人類のために、さらに一歩踏み込んだ処置を施しました。それは、スマートフォン依存症にならないように、1日に使用できる時間を制限できるという機能を持たせ、ユーザーへ渡す前に処置を施すといったサービスらしいのです。たしか1日に8時間程度の使用限度だったでしょうか？　素晴らしいサービスです。日本のメーカーも良いことは素直に学び、真似るべきで、早急に同じようなサービスを始めるべきです。

　依存度が高い日本の若者の中には1日に15～16時間スマホを使用する強者もいるでしょうから、制限を付けると、約半分しか使えず、使い方にかなり工夫を強いられることになります。

　しかしながら、脳や健康には大変いい結果になるのではないでしょうか？　特にゲーム依存症の方は、やりすぎれば、通話やメールができなくなるので、相当な我慢を強いられることになりますが、健全な未来のためになるのなら、それで良いのです。

　このようにして、つくる側も、使う側も、便利さとその対極に必ず存在する、人類に対して有害に作用する部分を短期・中期・長期と段階的に正しく推測することが、何より大切だと思います。そして、なるべくつくることを避けたいのが、自動と手動の比率が10対0となる完全自動のものづくりです。それは、人類に対して最大のお節介であり、企業やクリエイターの自己満足以外の何ものでもありません。

曽野綾子先生が、夫の三浦朱門先生の晩年に介護をした時に、なんでも至れり尽くせりにすることは決して本人のためになるものでもないと、説いています。ある時には、こころを鬼にしてでも放っておく。すると本人は、自分でなんとかしようと努力を試みるのですが、その努力が、本人の生きる気力をとても強いものにすると言うのです。

かなり以前になりますが、アメリカの人類学者だか、サイエンス系の学識者だか忘れましたが、遥か先の未来、おそらく月世界旅行がスタンダードになり、月で寝泊まりが可能になる頃より、さらに遠い先の未来のことだと思いますが、進化した人類（実は退化）の未来予想図を描画しましたが、その姿を見て驚いた記憶があります。それは、あまりにも便利すぎる、完全自動の文明社会にどっぷりと浸かった人類の手足が、ゴムホースのように細く退化し、逆に頭でっかちとなった姿の描画で、とてもショッキングなものでした。おそらくその学者が、ゆきすぎた資本主義社会における、企業間の激しい競争の中で生まれた、人への健康的配慮を欠いた便利すぎる道具が、氾濫していく世の中を皮肉った目論見も充分に考えられることなのですが、僕は個人的にみて、然《さ》もありなんと思います。おそらく僕が、どちらかと言うと、オートマチック・デジタルより、手動・アナログのほうに傾くのは、20代で見たショッキングな絵のトラウマからだと思います。

また、２０４５年問題、すなわち、ＡＩが人間の知能を超越してしまう日、「シンギュラリティ」がくるという予測も、絶対に阻止しなければならない人類の現実です。ＡＩも本来は、世のため人のために開発していくべきであり、人類を凌駕してはならないことですし、必要もありません。でも、クリエイター達が、その本来の目的も忘れ、こぞって自分の技術力を誇示するための競争が激化すれば、人類のリスクデメリットは、大変なものとなって襲ってくるに違いありません。

それらを阻止するためには、日本の国内の立法を整備するといった狭いものに留まらず、世界的に阻止するための「国際法」を国連などで整備し、早急に検討しなくてはなりません。それは、企業やクリエイターのあり方が問われ、また倫理観を厳しく律し、禅問答のような「禅」の観念そのものから生まれる立法であるべきです。

このように人類が、自らの力で生きて行こうとするための、自然の摂理を阻害するゆきすぎた文明社会は、いわゆるサムシング・グレートに関わる神々から警鐘を鳴らされ、罰を受けるような気がしてならないのは、僕だけでしょうか？

列車内で垣間見る現代日本人のこころの病

1．日本人は本当に親切か？　それとも伝説か？

日本人に限らず、人間のこころの中に光と闇の両方があるのだとすれば、「日本人は親切でマナーも良い」と思っている外国人旅行者は、残念ながら日本人のこころの光の部分しか見ていないと言わざるを得ません。

外国人が遭遇したこんな話があります。インドだったかマレーシア人の青年だったかはうろ覚えですが、とにかく仏教に熱心なお国柄の東南アジアの青年達のエピソードです。

青年達が、日本を旅行している途中の列車内にいた時のことでした。とある駅で、お婆さんが乗ってきましたが、そこには空席がありません。その車両には、比較的若い多くの日本人が座っていたにも拘らず、誰一人としてそのお婆さんには席を譲らなかったそうです。それを見た東南アジアの青年達は、こんな手記を残しています。

「人生の先輩でもあり、とてもくたびれている老人が目の前にいるのに、席を立たない日本の若者はおかしい。僕達の国には、そんな不親切な若者はひとりもいない。日本人は優しくて親切な人が多いと聞いていたが、それはうそだと思った」と。

僕もそう思います。なぜなら、僕自身も仕事で電車に乗る機会が多いのですが、それに似たような状況に遭遇することがたびたびあったからです。


それは、明らかに足が不自由で、杖を突いている初老の男性が電車に乗ってきた時のことです。座っていた僕の前に来るまでに、おおよそ10人くらいの座っている乗客の前を通ってきたにも拘らず、誰も席を譲らなかったので、僕が席を譲りました。

するとその老人が意外と大きな声で、周りに当て付けるように、「いやぁ、どうもありがとう。あなたはとても親切な人ですね。今の世の中はそんな人はいないよ」と言いました。その時僕は、親切というより、人として当たり前のこととして席を譲っただけなので、大声で褒められたのがとても照れ臭かったです。同時に、こころがとても暗くなって、疑問に感じました。

どこに疑問を感じたかというと、その男性の言ったことがもし本当なら、彼のハンディキャップを負う姿を見て、今まで誰一人として席を譲らなかったということです。僕はその人々や、この国の今の現状を考えるととても疑問を感じ、この国の将来を案じてやみません。

また、こんなこともありました。

それは山手線を待つ池袋駅での出来事でした。日本のマナーですと、朝晩のラッシュアワーは無論のこと、閑散とした昼時でも普通は整列乗車が基本です。しかし、そこに現れた女子高生は違いました。

電車が停止位置に止まり、僕が並び待った列のドアが開きました。すると列が動き出すわずかな間隙を縫う忍者のような身のこなしで、すぅーっと脇から割り込み、先頭で車内に入ると、わずか一人分しか空いていない席に涼しい顔をして座ってしまいました。その列には老人も並んでいました。僕は呆れ返ると同時に、女子高生の親の顔を本気で見たくなりました。よく言うでしょ？「ああ、この子の親の顔が見てみたい」って……それです。

その女子高生の風体は、今時の女子高生にしては本を読んでいる姿が似合いそうな、どちらかと言えばふつうで地味なほうです。見かけによらない行動をした彼女は、今まで両親にどのような教育をされてきたのでしょうか？　ある意味では気の毒でかわいそうな気もします。

たとえば、学校の期末試験や受験のために、寸分の時間も惜しんで勉強をしなければならない学生が、車内で勉強するためには、座る席を確保したいのはやむを得ないのでは？　と言ったような質問も聞こえてきそうな状況ですね。

しかし、とても厳しいように思われるでしょうが、残念ながらそれも「ＮＯ！」です。

では、どこがダメなのでしょうか？　それは、机上の勉強だけでは足りないと思う子供の日常の勉強の方法や習慣がすでにダメですし、また、自分が勉強するためなら、年寄りは立たせていてもいいという考え方が、すでに利他のこころとは対極にある利己主義そのものになってしまうからです。

正しい教育を目指すのであれば、勉強は自分の家や学校・図書館といった「机上」だけにとどめておき、列車内のようないわゆる「公共の場」では、ルールやマナーといった道徳や秩序を学び、利他のこころを学習する場と心得させることが真の教育であると、僕は考えます。

この勉強や教育の方法で、勉強不足で受験も受からないというのであれば、高望みの受験など無理にしないことです。車内では読書くらいで充分ですし、学生の体力なら立ってでも読めます。

手前味噌ですが、僕の遠い記憶の懐かしいエピソードをひとつ紹介します。

2. 筆者禁断の恋？

僕は中高生の頃、列車内ではほとんど座った記憶がありません。親父に「学生は座るな」と教育されてきたからです。もちろんその言葉の中には、「年寄りのために席は空けとけ」という意味も込められています。でも、あまりに車両がすいているにも拘らず座らないのは、阿呆みたいなので、いつも僕は、5割の占有率までは座らないで、4割の占有率なら座ろうと基準を設けていましたが、通学の途中でそんな状況もほとんどなかったので、記憶がないのです。

そんな僕が中学2年生のある初夏の日、一学期の終業式帰りの昼下がり、列車内での出来事です。友達と夏休みの計画に浮かれ、やがて友達が先に降りると、荷物の重さに耐えながらいつものように一人で立っていました。その頃の学校は、長期の休みになると、自分の持ち物を学校に残すことを許さず、すべて家に持ち帰ることが約束でしたので、大荷物は年中行事みたいなものです。

そんなわけで、僕が体操着と、絵の具セットと書道セットと、いつものマジソンバッグ（あー懐かしや……）を持って、席が空いているにも拘らず苦しそうに立っていると、目の前に座っている、僕の母よりは若そうな女性が「重そうね」と話しかけてきました。その女性は、空席があるにも拘らず、座らない僕を見て、きっとそのように教育されているのだろうと察したらしく、そのことには一切触れずに、「荷物を持ちましょうか?」と言ってくれました。僕が「大丈夫です」と遠慮すると、その女性はやさしく微笑みながら、自分の膝の上に僕の荷物をのせて愛しそうに抱え込んでくれました。その時の僕はまだ人生14年でしたが、生まれて初めて人から受けた親切でした。もー嬉しくて嬉しくて……。それから今まで、僕も彼女を見習って、何度か人の荷物を持ってあげたことがあります。

遠い初夏の日の昼下がり、甘くて、なぜだかちょっぴり切ない僕のよい思い出です。

3. 動物の足かせを人に……まさか⁉

そんなエピソード話とは対極になる話に戻って恐縮ですが、「こんな日本に誰がした？」と思いたくなるほどの列車内で気になる所業はたくさんあります。

7人掛けの席なのに、偉そうに余裕をこいて5～6人で座っている輩（もう憎らしいから「人達」じゃなく「やから」です）、それから、たいして長くもない足で汚い靴ごと足を組んだり放り出している輩、いずれも見ない日はありません。しかし彼ら彼女（驚くことに女性もいます）なりに一応、言い訳はあるようで、「混んできたらやめればいいでしょ？」とか、「詰めていただけますかと言われてからでいいでしょ？」とか。僕が親なら、「バカヤロー！　そんなのは自分の部屋でやれ！」と一喝します。

このような考えの人達は、忘れていることがあります。あまりに幼稚で言うのも嫌ですが、人間の社会では、自分の家から一歩出たらすべてが公共の場です。ですから、車内が空いていようが混んでいようが、前述の言い訳があったとしてもやはり、「NO！」なのです。それに、世の中は気の弱い人もたくさんいます。「席を詰めていただけますか」とか、「足をどけていただけますか」など、むしろ言える人は少ないのです。そのことをあらかじめ充分に知っているくせにそのような言い訳をする人は、公共の場に出る資格のない最低なマナーの人達だと僕は思います。

このように、自分の場所が狭くなろうとも、一人でも多く座れるように、なるべく席幅を詰めるという心配りができない日本人が増えたので、行政側の意見か、車両メーカーの開発設計者の取り計らいかは分かりませんが、日本人である前に、人としてとても恥ずかしくなるような処置を施されましたね？

こう言うと、すでにお気付きの読者さんもいらっしゃると思いますが、座席を定員数分に、お尻に合わせて凹凸を付けて分割させたのです。

こうすることにより、席幅を詰めて座らないとお尻が心地悪くなるので、定員数どおりにお行儀よく座るらしいのですが、僕から言わせると、それは、動物に付ける「足かせ」と同じです。

少し厳しくなりますが、「そんなことをされなければ、分かんないのかよ！」と言いたくなります。そうまでしないと、言うことを聞かないサーカスなどの動物に、足かせをはめるのと等しいのです。でもこれは、開発設計者は少しも悪くありません。こうしないと行儀よく座れないのですから……。情けないですホントに。

このように、公共の場の縮図ともいえる列車内では、さまざまな人間の品格、ひいてはその国の品格が分かります。自己中・利己主義な人、行儀・マナーといった道徳を得ている人・得ない人、そして利他のこころを持つ人などから、その国の公衆道徳の水準が垣間見えます。

もう何年も前になりますが、ある評論家が、日本は先進国の中では、公衆道徳はもしかしたらワースト1かもしれないと言っていましたが、それも否めません。ワースト1とまでは言いませんが、たとえば現在、国連加盟国数は193カ国ですが、その中でも下位にいることは間違いないと思います。早急な教育改革（親や教師も教育する）が必要だと思います。

読者の皆さん、どうかお子さんを、どこへ出しても恥ずかしくない立派なこころを持った人間になられるように、教育してあげてください。僕が切に願うことであります。

お父さんはお友達

1．自分の子供に厳格さがない、嫌われたくないから叱れず媚びへつらう今時の親達

最近の親子連れの中には、異常に仲がいい父娘がいますよね？

一見、大変好ましく、良いことのように思えますが、然にあらず、ほとんどが間違えているというよりは、誤った父娘関係だと僕は考えます。

どういうことかというと、父親が、父親として果たすべきことを果たしたうえで、娘と仲が良いというのであれば、正しくて理想的な父娘関係だと言えますが、残念ながら、少なくとも娘が未婚のうちは、ほとんどそのようなことはあり得ないからです。

僕は、父親たる者、未婚の子供が同居しているうちは、嫌われ、そして怖がられる存在でも

かまわないと思います。

健全な父親と子供の親子関係というのは、自我が目覚める「第一次反抗期」までは、厳しい躾で怖がられても、たくさん遊んであげてなつかせる ↓ 好かれるという関係です。しかし、「第一次反抗期」から「英雄的反抗期」になると、中学生頃から始まって、以後断続的に20代〜社会人にまで及ぶので、厳しければ嫌われるのがふつうです。

しかし、それでもかまわず、厳しい怖い父親でいてあげてください。それが将来必ず、かわいい我が子のためになるのですから……。

それなのに残念ながら、今日の父親達の多くは、将来の子供のことを考えず、厳しい躾すなわち、父親として果たすべきことをおざなりにして、目先の居心地の良い、我が子との「チーチーパッパー」をしています。こういった父親達の多くは、目先のことしか見えず、子供の将来の長い歳月の尊さが見えていません。

よくメディアの「街頭インタビュー」などで、仲の良い中高生くらいの子供連れの父娘を訊ねると、「仲がいいの」「友達みたいな関係」とか、さらにもう少し重症で、「怒らないから好き」「歳が離れた恋人みたいな感じ」などの娘の受け答えに、なんとも情けないデレデレ顔で、鼻の下を伸ばして聞いているそこのお父さん。

もういい加減やめましょう。みっともないですよ。父親の威厳はどこへいってしまったのでしょうか？

想像力の世界です。このまま何も躾ず、いけないことをしても目をつむると、この子が大人になったらどうなるのか、またやがてこの子が親になったらその子供がどうなるのかを……。我が家族の未来は崩壊します。

ですから、どうかこころを鬼にしてでも厳格な父親でいてください。その歳月たるや、反抗期から結婚するまでですから、長ければ20年にも及びますが、嫌われても怖がられても、めげてはいけません。そういう時の父親とは孤独なものです。またその子供達に敬遠されるような態度が孤立感を生み、疎外感を覚え、父親から媚びていってしまうのでしょう。母親とて同じことですが。

さてここからは、娘・息子の両方を当てはめて述べるので、「親子」と書きます。

しかしながら、その親子の断絶も最小限に食い止める方法もあります。それは「信賞必罰《しんしょうひつばつ》」です。

日頃は、少しでも気の利いたことや、良いことをしたら、それはもうあらん限りのこれ以上ない「笑顔」と、愛情たっぷりの優しい声で、褒めてあげるのです。そして誤ったことをしたり、自己中心的で利己主義な行動や考えなどは、きつく叱り戒めていく、すなわちこれが「信賞必罰」な教育です。

この場合、お子さんが低年齢なほど、「怖い」と思わせるくらいの叱り方がよりベターです。なぜかと言うと、幼少期の子供達は、叱られても「なぜ叱られたのか？」が分からない場合も多いのです。そうした場合の子供達は、叱っている時の親の声色や厳しそうな怖い顔から、直感的に事の重大さを感じ取ります。ですから、厳しく叱らないとすぐに忘れたりして、躾が身に付かないのです。

また、「褒めてから叱る」のか、「叱ってから褒めるのか」のどちらが良いかは、お子さんの性格によって異なるので、上手に使い分けてください。

この「褒めては叱る」のメリハリを付けた教育をしていくと、少なくとも「断絶」は避けられると思います。

このようにして、15～20年の歳月をかけて躾、育てていくと、やがて結婚しますが、まさにこの時、そしてさらに子供ができて自分が親になった時に初めて、なぜ厳しく躾られてきたのか？　親の願いや気持ち、そして苦労が分かり、ありがたさが身に染みるのです。

つまり、先に述べた「仲のよい父娘」とは、娘が嫁いでからが自然で健全と言えるのです。そしてこの場合、息子とて同じことです。

ここまで、主にお父さんのお話をしてきましたが、お母さんも子供に嫌われたくないと思い媚びへつらうことが、どうやら少なくないようです。

あれは、たしか平日の昼食時です。たまには奮発しようと、鰻屋さんで席につくと、近くの席に高校生くらいの子供連れの母娘が食事をしていました。それとなく様子を伺ってみると、まず、娘の食事の姿勢がとてもひどいのです。

両肘をついて左手にお重、右手にお箸の体で、口元の高さまでくるお重に口を付けるような姿勢で、うな重をお箸でかき込んでいました。言っておきますが、制服を着た女子高生がですよ。さらに普通なら親のほうが静粛に構えて、子供のほうが学校であった出来事などを話して聞かせて、助言をしてもらったりするのが健全な光景です。がしかしその逆で、この母親はおろおろして、退屈そうな娘のご機嫌をとるかのように話しかけて、娘はその話を仏頂面でつまらなそうに聞いているのです。

母親は四十は過ぎていそうで、食事中に肘を付くのは行儀が悪いことだと充分に知っている年代です。

皆さんはこの光景を思い浮かべて、どのようにお感じになられるでしょうか？

僕は、この娘さんがひどくかわいそうな子供だと思いました。

この娘さんは、母親が戒めもせず、教えていないので、自分の姿勢が行儀悪く、してはいけないことだと知らないのです。子供の反抗期に、叱った時の一時の気まずさや、いさかいを親が嫌がったり敬遠したばかりに、自分の子供が社会に出て恥ずかしい思いをしてしまう典型的な例と言えましょう。

2．性犯罪を誘発させるような娘達の服装（なぜ親は、その無防備を戒めないのか？）

近年僕が懸念をし、また不思議でならないのが、多発する性犯罪と、それを誘発させるような娘達の服装（格好）です。

なぜ親は、娘の身なりへの配慮のなさを戒めないのか、僕は不思議で不思議でなりません。

そしてこのような事象は、男である父親が特に厳しく戒める立場だと考えます。

これから僕が申し上げることは極論ですが、人間の性（さが）、ひいては男性の性の弱い部分の核心に触れることなので、ご批判あれど述べたいと思います。

僕は男女の性犯罪について、責任や罪の度合いに10対0はあり得ないと考えています。なぜか？　それは、性犯罪を誘発させる女性の行動や服装にも、少なくとも0・5、多ければ半分の5くらいの責任があっても仕方ないと思っているからです。

僕の尊敬する作家であり、ジャーナリストでもあり、またコラムニストの曽野綾子先生のご著書の中でのお話です。

外国にお住まいのご友人が日本に里帰りした時に、日本の若い女性の服装を見て、「なあーに、最近の日本の女の子達の格好って。あれじゃ、どうぞ私を襲ってくださいって言っているようなものだから、犯されても仕方ないわね」と、皮肉たっぷりに言っていたそうです。それは率直に言って、さきほど僕が申し上げた、男だけにすべての罪や責任があるわけでなく、女性にもわずかながら責任があると言ったことの、まさしく真意をついていると言えます。

一般に女性の性欲は「触覚・感触型」といって、身もこころも男性に触れないと性欲が湧きません。それに対し、男性の性欲は「視覚型」といって、見てただちに感じる「直情径行型」なのです。故に、普段はまじめでおとなしい男性の前でも、肌を露出させることは女性にとっては何気なくても、男性の抑えきれない弱さが露呈して下心を誘発させます。そして、理性が負けると魔が差すのです。その結末は「まさか、いつもあんなにまじめだった人がなぜ？」という事件が起こるのです。

「そんな男の生理ぐらい知ってるよ」というご立腹のお父さんもたくさんいるでしょう。ではなぜ、娘にそのことを教え、戒めているお父さんが日本にはこんなにも少ないのでしょうか？僕はそれが不思議でなりません。平和ボケでもしているのでしょうか？

お父さんだって男なんだから、自分の娘に感じなくても、よその娘さんには多かれ少なかれ感じる時があるでしょう。いや、むしろあって当然です。健康な男性ほどそういうものです（ちなみに僕も健康です）。

でもそのように家から外へ出た時に、父親から男になった時の目線を決して否定せずに、素直に娘に助言をするべきなのではないでしょうか?

僕は息子しかいませんが、娘がいたらもうー大変だと思いますよ。娘に「嫌われるお父さん」の宣言をしてでも、毎日身なりを戒めてから、「いってらっしゃい」を言うでしょう(笑)。

またここらで、「じゃあ、女の子達は、そんな男性の直情径行の性欲の抑止として、着たい洋服も着られずに我慢をしなくちゃいけないの?」と、不平不満の声をお父さん達にぶつけてきそうですね? もっともです。かわいいと思う自分のお気に入りの洋服を着たいと願うこころを持つのも女性の「性《さが》」ですものね。

でもへたをすれば、自分の命にかかわることですから、ここでニューヨーカーの女性達の工夫を一つご紹介します。

彼女達は、性犯罪の抑止策と予防策として、通勤(通学)と帰宅時には、ジーンズやパンツ類にスニーカーといったファッションで行動し、社内などでは、許される範囲内でおしゃれを楽しんでいるようです。世のお父さん方は、ぜひ参考にして娘さんに教えてあげてください。

なお、ニューヨーカーは家族とのディナーやサパーの時間をとても大切にしているため、社交の場はパワーランチと言って、昼が主流です。なので多くのニューヨーカーは寄り道をせずに真っ直ぐ帰宅します。したがって、社交の場が「アフター5」の日本では、かならずしも帰りにジーンズとスニーカーといったファッションがふさわしくない場合があります。そこでお勧めしたいのが、黒などの色の濃いストッキングやタイツです。これなら暗い夜道でも素肌が目立つことなく、かなりの予防策になると思いますので、日頃からバッグなどに入れておくようにアドバイスしてあげてください。

そしてもうひとつ言っておきたいのが、最近のメディアもいけません。ドラマやＣＭなどで見る、女子学生のスカートがやたらに短すぎませんか？　まるで短いスカートを穿きなさいと奨励しているかのようです。これでは、流行に敏感な女の子なら、テレビでみんなが穿いているから、流行に乗り遅れてはいけないと、こぞって穿くでしょう。

ドラマなら、役柄の演出もあるでしょうから、多少はやむを得ないにしても、ＣＭなどの極端なミニスカートなどは、どのような宣伝効果の目論見があるのか知りませんが、スカートの丈をもう少し長くするといった配慮があってもよいと思います。

また服装だけでなく、女の子達の素行も、親としてはしっかり戒めたいものです。

以前、地方都市で、女子中学生が、誘拐か拉致監禁かの犯罪被害に遭った事件がありましたよね？

幸いなことに、短期間で事件は解決し、女の子も無事に戻ってきたのですが、その後の報道で少し違和感を覚え疑問を感じました。

それは何かというと、被害に遭った女の子がどんな人物に連れ去られたのかを探るため、現場となった地方都市の繁華街の防犯カメラを確認していると、なんとその女の子が深夜にもかかわらず、シャッターがほとんど閉まっているほぼ無人の繁華街を徘徊し、夜遊びをしている様子が映しだされていたことです。

そして、事件が解決するとメディアは一斉に、女の子が命拾いをし、無事に戻ってきて本当に良かったと称えました。そこまでは良いのですが、さぞ怖い思いをしたでしょうかわいそうにだとか、ショックから立ち直るようにカウンセリングやこころのケアをしなくてはとか、憔悴しきった母親の心労は計り知れないだの、ややおせっかい的に過保護気味な論調です。その半面、捕まった犯人には情け容赦がなく、卑劣だとか、最低だのといった悪口雑言とバッシングの嵐……。こんなことばっかり、国民やメディアがやっているから、日本人は成熟しないのだなぁと思ってしまいました。

この事件についても、僕の尊敬する曽野綾子先生は、ご著書の中で触れていらっしゃいました。それを読んだ僕は、次のように理解しました。

「この事件で、捕まった犯人だけが、やたらに悪者として取り上げられている。（たしかに悪人には違いないと断ったうえで）それならばこの事件がなぜ起きたのか？　その要因となるこの中学生の女の子が深夜に外をほっつき歩く所業をこの子の親を含めて、なぜ周りの人が咎めようとしないのか？」と。

先生は、犯人である加害者が悪人で、すべて悪いと片づけてしまうとこの手の犯罪は決してなくならないと言っておられるのだと思いますが、僕もまったく同感です。

なぜこのような事件が起きたのか？　と加害者だけでなく、被害者も親や先生方と日頃の素行を顧みないと、この手の犯罪は決してなくならないでしょう。

また、最近の女の子は、恋人以外でも一人暮らしの男性の住まいに、平気で遊びに行くこともするようですが、生足で丈の短いスカートを穿いて男の家に上がるのは、「どうぞ、私を襲ってちょうだい」と思っていると勘違いされても仕方ないでしょう。

ひと昔前の昭和のお母さん達なら、「一人暮らしの男の家に上がるのは、それなりの覚悟が必要で、その覚悟がなければ行ってはならない」と教えたはずですし、それどころか、親御さんと同居している男の家に上がる時でさえ、「部屋に入る時は、ドアを開けたままにしてもらいなさい」と教えたはずです。

それらの教えは、男ごころの性欲と行動を知り尽くした、正しい言動であると言えます。そのようなこころ遣いもせず、女性が犯されてしまった場合に男だけのせいにするのは、あまりに酷というものですし、このような犯罪も決してなくなりません。僕に言わせれば、この例の場合は、５対５の責任の比率とみます。

ここで余談ですが、なぜ、近年このような性犯罪が増え続けているのでしょうか？

僕は、時代的背景が少なからず関係しているように思います。

それは、僕が生まれる３年前の１９５８年に完全施行された「売春防止法」と、深い関わりがあります。この施行と同時にいわゆる「赤線」といった売春宿がなくなりました。

この防止法の施行趣旨は、「売春が人としての尊厳を害し、性道徳に反し、社会の善良の風俗を乱すものであるとの観点から、その防止を目的に制定された特別刑法」（ブリタニカ国際大百科事典）とのことですが、果たして約60年後の今日、この防止法の目論見どおり世の中は健全に遂行されているのでしょうか？

答えはＮＯ！　というよりは、実はこの防止法が要因でさらに性道徳が悪化しているかもしれないのです。説明していきましょう。

時は、僕が16歳の頃ですから、40年前になります。アメリカに嫁いだ僕の父の姉（伯母）が何回目かの里帰りをした時に、その頃の日米の男女交際の違いなどについて教えていただいている最中で、「みつをちゃんは、まだ経験はないの？」と聞かれました。僕はその時はまだ童貞だったのでそのように答えると、「今は法律で赤線がなくなっちゃったから、男としての良い経験が簡単にはできなくなっちゃったわねー」と言いました。するとそれまで傍らで黙って聞いていた我が家のお婆ちゃんが、「ああいう場所はなくしたらいかん！　なくなったら、いかんかったのよ……」と、突然口を開き、続いて、「赤線がなくなったから、男は身体のやり場を失って、素人衆のよその娘さん達に悪さをするようになった。赤線がなくなって、素人の娘さんたちが泣くような事件が増えた」と……世を憂いていました。

女性であるのに、売春宿の「赤線」を男の大人としての良い経験の場と肯定する僕の伯母さん、そしてやはり女性であるのに、男が欲求の捌け口を失うと、よそさまの娘に悪さをするから赤線は必要と肯定する僕のお婆ちゃん。ともに、昭和初期と明治の激動を生き抜いた「女傑」と言っていいでしょう。

僕はその時その話を聞いて、素直に二人を尊敬しました。頭の堅い（硬い）役人の決めたことなんて、「くそくらえ！」と思いました。

また、役人が決めた防止法こそ、その前までは「赤線」の仕事をれっきとした職業としている、女性達の尊厳を無にし、働く場を奪ったことも事実であると僕は思います。

彼女達はそれなりのプライドを持って仕事をしていたようです。それが証拠に、父に教わりましたが、「赤線」の女性達は、身体は許しても口づけ（接吻）は絶対に許さなかったといいます。

ある意味、彼女達も、素人衆の娘達を守り、自分を犠牲にした「女傑」だったのではないかと僕は推察します。

かくして、今時の「間違った教育ママ達」が聞いたら、目の玉が飛び出そうな、細井家の女傑二人の発言が、頭の硬い役人の目論見よりも先見性があったのですから、世の中皮肉なものです。

読者の皆さんは、どのようにお考えでしょうか？

3．今時のカップルは、女のほうがワル？（草食化する男と、肉食化する女の笑えないカップル事情？　今の日本の更正は女性がカギを握る？）

ちょっと謎めいた見出しでしょ？　早速お話ししていきましょう。

ちなみにここで言う「カップル」とは、独身の男女だけでなく既婚の男女、いわゆる夫婦も含まれますこと、念のため申し添えます。

僕の年代か、それ以前の諸先輩の時代のカップルの交際を、自分も含めてよーく思い起こしてみると、ほぼ、年上、年下に限らず、彼女のほうが、何か僕らが悪さしたり、マナー違反をすると窘めていましたよね？

「○○クン、だめよ、そんなことしたら……」とか、「いけないんだよーそんなことをしたら……」とか、若くてまだ鼻っ柱が強い男って、何か小さいことでも反社会的なことをしたり、ワルぶったりすることを「かっこいいな」と勘違いして、わざと少しだけ素行不良をしたりしていましたよね？　歩行喫煙して、そのままポイ捨てなどは、その典型と言えましょう。でもそんな時にひと昔前の女性達はよく、ひと言窘めてくれたものです。

ところが、最近の街行くカップルをよーく見てみると、彼氏の所業を窘めている女性が本当に少なくなっていて、たまに窘めている女性を見かけると、「おっ、偉い偉い」とほほえましく思います。

ではなぜ、そのような女性が減ってしまったのでしょうか？　これはあくまで、僕の考察にすぎませんが、原因のひとつとして、三世代同居家族が少なくなり、核家族が増えたことによる、祖母と母娘の「薄情化」があげられると思うのです。

一般的に言って、親離れは女の子より男の子のほうが早いです。男の子のほとんどが、中高生くらいになると親の前での口数が減り、垣根を作ってしまいます。その理由は、自分が生まれたのは、男女の交わりがあってできて、お母さんの産道を通って女性器から出てきて生まれたという衝撃的事実を知るからです。すると男の子は、母親を女と意識するようになり、それまでは平気で母親と出掛けていたのに、なぜだか急に抵抗を感じるようになるんですね。その点、女の子はこの事実を知っても男の子ほど衝撃は受けないし、心的変化もあまり起こりません。男の子のほうがナイーブでセンシティブなのです。

ですから、無口な男の子と違って、女の子は、もともとが「口から先に生まれる」という形容が付くくらいおしゃべりですから、いくつになっても男の子よりは垣根も作らず、母親やお婆ちゃんと会話する機会を多く持ちます。その時に、男の子よりは多くの社会的道徳を学ぶので、一般的に女の子のほうが「早熟」であり、大人っぽいのです。

ですから、僕も学生の頃はよく彼女に窘められたものです。彼女があまりにも大人びているうえに、子供扱いされたというやっかみもあり、そのたびに口げんかになるのですが、学生の頃の男女交際って、いつか何か役に立つのかなあと考え始めた時に、件の窘められた口げんかを思い出し、そのようにして成長し合うんだなあーと悟ったこともありました。

つまりは、男の子が垣根を作って母親を疎遠にしたせいで、教えてもらいそびれた世の中の道理などを、母親になり代わって教えてくれるのが、僕らの時代の付き合っていた女の子達だったわけです。

しかし最近では、世の中の男女の役割と言うか「不文律」みたいなものが、変化しているようなのです。

平たく言うと「逆転現象」です。

あれは近所の大規模小売店舗にクルマで買い物に出かけた時の、駐車場での出来事です。

障害者優先駐車エリアに停めたクルマから、それはたいそう元気な20～30代の若夫婦が降りてきました。

二人とも健常者に見えたので、明らかにルール違反だと思い二人に注意をすると、旦那さんのほうは何やら申し訳なさそうに口ごもりましたが、奥さんのほうが、不機嫌そうに口を尖らせながら、「私、妊娠してます」と主張してきました。

そこの障害者エリアは「プライオリティー」性を有しており、マタニティーもＯＫだったらしいのですが、その若奥様はお腹がペッタンコだったのです。嘘か誠か分かりませんが、本当にせよ、せいぜい妊娠２～３カ月程度でしょう、身重ではありませんでした。僕は「では、母子手帳を見せてください」と食い下がろうとしましたがやめました。彼女の言いっぷりになんとも言えない嫌気がさしたからです。

彼女は僕が納得して引き下がったと勘違いしたらしく、勝ち誇ったように「どーよ！」とどや顔をしていました。

僕がここで述べたいのは、権利の行使と主張についてです。

現在の日本では、公より個を主張する一部の人が権利、権利とやたらと権利の行使を主張しますが、そもそも権利とは、義務でもなんでもなく、むしろなるべく「放棄」や「手放す」ものなのです。

それこそが、日本人が古来からできていた、奥ゆかしさであり、個よりは公を、公が正しく遂行されて初めて個も良くなるのだという根幹がそこにあります。

すなわち、駐車場でのエピソードに当てはめて述べると、自分が妊娠していて、そこのエリアを使える権利を有していても、「私よりもっと身重の人がいたらその人が使える」とか、「私より脚の不自由な車椅子の人に使ってほしい」など、自分よりその権利をもっともっと必要としている人がいるかもしれないと慮り、権利を「ゆずる」ことがすなわち奥ゆかしさであり、また権利の「手放し」であり、「放棄」なのです。ましてこのように、数に限りのある「権利」ならなおさらのことです。

その日は土曜日であり、駐車場も混雑していて、空きスペースを見付けることはたしかに困難な状況だったかもしれません。だからと言って、妊娠2カ月程度のペッタンコのお腹で、権利を行使して楽をするのは、これからお母さんになる「大和撫子」がすることではありません。若いんだから、旦那さんと一緒なら駐車スペースを探す体力だってあるはずです。

話が長くなってしまいましたが、これが今時のカップルであり、男女逆転現象の一例です。先述した、彼女達が母親に成り代わって男の子を窘めていたという、昔のカップルとまさしく対極にあるといえる事象ですよね。

このような一例から見ても、男の子を母親的に窘めることができない、この本の言うところの未成熟な「幼稚」な女性が増えていくような気がしてなりません。

現在の未成熟で幼稚な日本を救えるのは、こころが成熟した女性達によって為されるべきことなのですが、子供が子供を窘められるわけがありません。
また、このような女性を娘に持つ母親も、同じような考え方をしている人が多かったりします。

僕が、曽野綾子先生と同じように尊敬してやまない、日本テレビでニュースキャスターを務め、ジャーナリストであり、コラムニストの櫻井よしこ先生が、産経新聞で月に一度コラムを掲載しています。その中で、次のようなことを述べていたので、僕なりにまとめてみました。

日本の女性に、憲法改正と専守・自主防衛の自衛隊のあり方について質問をすると、反対する人が意外にも多く、理由を挙げると、自衛隊の人達が危険にさらされてかわいそうとか、自分の息子がそうなったら耐えられないと言った回答が多かったそうです。それならば、危機的状況の有事にどうすればよいかと質問をすると、そんなの米軍に代わりに戦ってもらえばよいという回答が多かったが、それならば、米軍に入隊している子を持つ、アメリカの母親達の心情はどう考えるのか？　と疑問としたうえで、自分の国の危機を平和ボケして真摯に取り組まないうえ、いざとなったら米軍に戦ってもらうというような、図々しくて自己中心的な考え方を持つ母親が多いこの国を、アメリカといえど、誰が自分の大切な息子の命をかけて守ってくれようか？　答えは明白である、という内容で、今の日本を憂いていました。

このような自己中心的な考え方を持つ母親に、本書が言うところの「大人な女性」に娘を育てられる訳がないし、逆を言うと、今の日本に自己中心的な母親が増えているので、彼氏の素行を窘められるようなお嬢さん達が減り続けているとも言えます。

何しろ、子供が子供を育てるようなものですから……。

4. 今の日本は、母親（女性）が救う？

しかしながら、今の日本を救うべきはやはり、母親（女性）であると僕は思います。たしかにこれまで述べてきた母親や娘さん達のままでは、大変難しい状況でしょうし、ここでまた、「日本の未来を女性達にだけ押し付けてずるいよー」という不平不満も聞こえてきそうです。

けれども、たとえば、企業が発展をして分かれ出たグループの元となる企業を「経営母体」と言うでしょう。または、艦載機を積み、離着陸できる軍艦を「航空母艦」と言いますし、宇宙開発事業に関わるライフラインなどの補給船をしゃれた言い方で「ＭＯＴＨＥＲ　ＳＨＩＰ（母船）」と言うでしょう。

そうなんです。いずれも要になるものの名前には、必ず「母」が付くのです。母はやはり、人の社会でも要であり、人類にも、ひいては今の日本においても「偉大」な存在なのです。

また道理から言っても、子供の幼少期・少年期・思春期の大切な時期に、家族を食わせるために仕事が繁忙になる父親に成り代わって、道徳や秩序を学ばせ躾ていく重要な位置にいると言っても過言ではありません。

これは解釈によっては偏見とも取られてしまうでしょうが、僕の切なる願いでもあります。ですので世のお母様方、息子の教育ももちろんのことですが、ぜひ娘さんも、時によっては、よそ様の息子をも正せるような、母親的で立派な大和撫子に育ててあげてください。成熟した日本をつくる大いなる第一歩となるはずです。

5．男は度胸で女は仏頂面？

昔から、「男は度胸、女は愛嬌」と言いますが、たしかに昭和40～50年代くらいまでは、外を歩けば愛嬌・愛想のある女性が必ずいたものです。ちなみに、中学生の頃に、電車の中で僕の荷物を膝の上に抱え込んでくれた件の親切な女性も、とても愛想のある優しい面立ちをしていました。

ところが最近では、本当に見かけなくなったどころか、「もう少しいい顔できないの？」とか、「何か怒っているの？」と言いたくなるような、ふて腐れたようで不機嫌そうな仏頂面の女性を多く見かけるようになりました。せっかくのお顔やお化粧も台なしです。そして今や愛嬌・愛想のある女性を見られるのは、本当に幸運な日や、朝のテレビ番組の女性アナウンサーくらいのものです。

たしかに、今の時代は、こころの歪んだストーカーなどが蔓延る世知辛い世の中であるし、「そんな愛想・愛嬌を振り撒いて歩いていたら、気があると勘違いされて危なくてしょうがない」と思われるかもしれません。

しかし、学校や職場内、あるいは仕事をしている時やご近所さんなどの顔見知りがいる時は、できる限り、また男女を問わず、愛想のよい顔をお互いにしていたいものです。

余談ですが、女性ならローラさんをもっと見習うべきではないでしょうか？　ローラさんのあの性格と明るさは、健康にもとても良い結果が出ているとテレビでも証明されましたよね？彼女の血液検査をしたら、交感神経と副交感神経のバランスが抜群で最高のコンディションのようです。さらに、人の身体の酸化や動脈硬化といった老いを予防する「アディポネクチン」の数値が人並み以上に多いとのことで、すごいですね。

「うふふっ」……まさに「１００万ドルの微笑」と、僕は称賛したいです。

6．子供を持つ親の覚悟とは？

皆さん、子供ができた時の親の覚悟ってなんでしょうか？　ひと言では言えず、いろいろあるでしょうね？「命を懸けて」「一生を懸けて」「手塩にかけて」と……少し堅い表現ですが、愛しい子供のためにと、枚挙に暇がないでしょう。

しかし、本書流に言わせてもらうと、あえて僕は、親の覚悟とは「我慢」であり、わかりやすく今風の表現で言えば、「チルドレンファースト」だと言えると思うのです。

「チルドレンファースト」とは、何も子供を甘やかせと言っているのではありません。平たく言うと、子供のために親はどのような行動を取るのが適切なのか、常に最良の方法を考えて振る舞う、すなわち、親の分際を心得ながら、時には自分の欲を抑えて（我慢して）子供を育てていくことを指します。

が、残念なことに、今時の日本の母親の多くはこれができていません。先進国の調査で、母親達に、「自分が子供を持った時に、母親だったら、子供のために自分の時間を犠牲にするべきか？」の問いに、75～80％の母親がＹＥＳと答えた欧米人に対し、日本人はわずかに35％に留まったと言います。

僕はそれを聞いた時、とてもショックでした。なぜなら、今まで僕はその逆だとずーっと思い込んでいたからです。日本の母親、「大和撫子」の崩壊でしょうか？

たしかに、今の日本の世の中を公共の場などからよく観察してみると、子供連れに対して、配慮に欠けた行動をとる人達を見かけることがあります。中には明らかに子供を持っていそうな中年の方や、驚くことにお孫さんをかわいがるような年齢の60～70代くらいの初老の方まで男女を問わずいるようです。

いちばん多く見かけるのが、「ＡＦＴＥＲ　ＹＯＵ」いわゆる列車やエレベーターの乗降時の「お先にどうぞ」ができていないことです。ぎりぎりの状況で、母親がベビーカーを慌てて操作させることは大変危険であるから、そのような配慮が必要なのです。

しかしここで僕が何を述べたいのかと申しますと、せめて自律歩行が不可能な乳児や未就学児を持つ母親ならば、どうしても連れていかねばならない理由がない限りは、我慢をし、時には慎むことも必要であるということです。

僕がよく見かけるのが、ファミリーレストランではなく、けっこうな高級ホテルのどちらかといえば、大人がある程度落ち着いて食事ができそうな、ロビーの傍らにあるようなレストラン。

そこにおよそぐわないベビーカーを置いて、泣きやまない赤ん坊をあやしながら食事をしている若い母親、または泣いても無視して食べ続ける母親。さらに、2〜3家族のグループで来ていることもあります。

さらには、自分の子供がレストラン内を走り回っても、全く叱らない母親もいます。ウェイターさんは熱いものを運んでいる場合も多々あるので、大火傷を被る衝突事故を避けるため、絶対にしてはならないことです。いずれも見ない日はありません。このような母親に限って、事故が起きればレストランのせいにするのでしょう。

「なんでよ、母親は行っちゃいけないの?」と聞こえてきそうな声に答えましょう。多少厳しいですが、そのとおりです。子供が物ごころも付き、事の分別がある程度分かるようになるまでは、このようなレストランでの食事は慎むべきです。

なぜなら、少なくともその行為は、子供のためではなく、自分がそこへ行きたいという親の願望だから、我慢をすれば良いのです。それが子を持つ親の「覚悟」です。また、そんなにもじっとして我慢を強いられるようなレストランに連れていかれて、子供も嬉しいはずがないし、子供なりに迷惑です。

でもそれは、どこにも出かけてはいけないと言っているわけではありません。子連れもある程度許されるような、ファミリーレストランとカテゴリー分けされているお店に行くか、お弁当を持って、子供がどんなに大声で泣き叫んでもよい公園などで、おしゃれなランチを楽しめば良いのです。

先ほど申し上げた「カテゴリー」とは、直訳すると「範疇」とか「分類」といった、いわゆる領域のことで、本来ならばお店側がそのカテゴリーを位置づけ、お客に「11歳以下のお子様連れは入店できません」とか、「ドレスコードは……」などを伝えなければならないのですが、悲しいかな日本はそのようなことに対して、大変曖昧でごちゃ混ぜになっています。

なぜカテゴリーを分別する必要があるのかというと、まずひとつには、子連れの人達と、あるいは学生達、それから、ゆっくり静かにいたい人達など、お店を使う目的がそれぞれに違い、選んだお店にそぐわなければ、そこに精神的な摩擦が起きるからです。

もうひとつには、子供も学生も子連れも入店できない、静かに食事をしたい人だけが行くお店は、カテゴリーも上で、料金的には一番高いお店なのが普通です。それでもそのお店を選んで行く人達は、静かな空間を買いたいと願い、それに見合う対価を支払って来ているのですから、その静かな空間を奪う権利は誰にもないのです。カテゴリーを守らずに高い料金を取る店なら、料金をお客さんに返さなければいけないと思います。

このような摩擦が、少しずつでも増えていくと、普段は子連れにも気遣い、優しい気持ちを持った人でも、度を越えると、「カテゴリーやTPOは守りなさい！」と思う気持ちが強く出て、子連れの若い母親達の目に厳しく、世知辛いと映るのではないでしょうか？

またこの問題は、先ほど申し上げたように、そこそこの高い料金を取るお店であるのに、カテゴリーをごちゃまぜにしているレストランにも責任があります。

ひと言で言えば、お客さんにすごく弱くて、カテゴリーを毅然として伝えられないお店です。

なぜこのようなお店が増えているのかといえば、僕は理由が二つあるように思います。

ひとつは、現在の日本の強烈なデフレスパイラルによる飲食店の不景気が、お店を弱気にさせ、お客のわがままを受け入れている現状があること。

もうひとつは、今の日本の元凶のひとつで、「誰もが安心して、幸せに暮らせる国」などという、現実的には不可能なのに国民には権利ばかりを遂行させ、良いことばかりを言っている一部の政治家の存在です。そのためには、ここ・そこは、協力をしてもらわなければならないという「我慢」を、国家として国民に教えない「偽善」。この二つに起因しているのです。

国内の景気は、一時的でも回復している業界もありますが、全体としてはまだまだスパイラルの渦中にあり、厳しい状況にあると言えます。

今の日本の経営環境は、ひと言で言い表すなら「薄利多売」です。景気が悪く、ものが売れないと、どこかの同業他社が必ずダンピング（悪質で経営センスのない程度の低い値下げ）をしてくるものです。体力のある企業なら、そんな値下げ企業などに目もくれず、「弊社の製品が他社より高価なのは、これだけの理由があります」と毅然とした経営でお客様を納得させ、業績を上げていきます。そうすれば、ダンピングメーカーは自社自身の値下げで首を絞めることになり、最後には、値下げをやめるか朽ちるかのどちらかになります。かくして、業界の商品単価や価値を暴落させずに守り、デフレスパイラルを阻止できます。

が、残念ながら、今の日本経済は負のスパイラルの真っただ中であり、企業に体力がないので、このダンピングに多くの企業が前へ習えで付き合う形となります。すると、業界の商品価値が値下げと共にどんどんなくなり、やがて「薄利多売」ならまだいいほうで、最悪は、「赤字多売」になっていきます。これがすなわち、「デフレスパイラルの連鎖」です。

そしてそれは、飲食店にも例外なく降りかかってきます。たとえば、料金の高い高級店が、不景気で売上が落ちてくると、ディナー時にはさすがにカテゴリーの入店規制を守りますが、ランチ時の閑散とした時間帯などに、空いているからと言って、ベビーカーを押した親子連れに頼まれるとつい入店させてしまい、静かな時間と空間を求めて来ているお客と精神的な摩擦をさせている。それがすなわち、優しさや融通という皮を被った偽善です。

すると、怒って抗議しているリピーターがいるうちはまだよくて、そのうちに、寡黙なリピーター達が徐々に足遠くなっていき、やがて誰も来なくなってしまいます。

そうなると売上減少となり、お店はさらなる客寄せのために、カテゴリーを曖昧にするか、ひどい場合は価格を下げて、いつの間にかカテゴリーをファミレスクラスに下げてしまったりします。以下、同じことが繰り返され、飲食店のデフレスパイラルとなるのです。

僕はランチの食べ歩きが好きなのですが、探訪している時間があまりなく、かつ、静かに落ち着いて食事したい時などは、手っ取り早くてハズレが少ない、ホテルのレストランを使う機会が多いので、このような事案を何回となく見てきています。

しかし、お店を開業している場所が、二流ホテルの中とか、あるいは路面店であるならば仕方のないことにせよ、一流ホテルクラスの中にお店を構えるのならば、たとえ本格フレンチのお店ではなく、ロビー階の傍らにあるようなカジュアルスタイルのレストランとて、ファミレスの平均客単価の3～4倍以上の料金を取るお店なら、ランチ時でもカテゴリーは毅然として守って欲しいと思います。その厳しさが、長い目で見れば本当の意味での人に対しての優しさになるのですが……。

また、どうしても断れない状況の時の対策として、一流ホテルなら、宴会場（バンケットルーム）のひとつでも空けられるでしょうから、そこを子連れのお客さん専用の席にして、よく納得してもらったうえで、ご案内するのもよい方法だと思います。

そうすれば、子連れ同士で多少うるさくても、お互いさまなので、安心して食事が楽しめるでしょう。

このように、お店側もお客側もカテゴリーを守ることにより、摩擦が生じず人同士の軋轢もなくなります。

また夫婦で、どうしてもレストランへ食事に行きたい時などには、子供を家に置いていく方法もあります。それが欧米ではスタンダードな「ベビーシッター」です。が、なぜだか不思議と、日本ではベビーシッターを利用する人が少ないように感じます。

前出のアメリカへ嫁いだ僕の伯母から聞いたことがありますが、アメリカのベビーシッターは、子供の食事を世話するだけでなく、お風呂や寝る時の子守歌から、寝付くまでの童話の読み聞かせ（ベッドタイムストーリーといいます）をするというのですから、まさに「至れり尽くせり」ですね。

ここで、「なぜ寝るまで？　そんなに夜遅くまで食事しているの？」という疑問が聞こえてきそうですが、欧米は、子供の就寝時間にはとても神経質で厳しいのです。遅寝や睡眠不足は、脳の発育に影響があると考えているらしく、プライマリースクール以下の子供達なら、どんなに遅くとも9時前までには寝かせるので、ベビーシッターが子供を寝かし付けて、両親の帰りを待つのがスタンダードなのです。

先進国で、夜の10時過ぎでもファミレスなどで子連れを見かけるのは、日本くらいのものらしいですし、アメリカでは州によっては、あまりに遅い時間に子供を連れまわすのは、虐待だとみなされることもあるそうです。日本の親御さんは、子供を育っ張りにさせすぎです。反省をしていただきたいものです。

話はそれましたが、日本でもとっておきのベビーシッターが男女で存在しています（笑）。そうです、親御さん達のお父様、お母様、すなわちお爺ちゃんお婆ちゃんの存在です。

だからこそ、核家族にはない三世代同居の意味やメリットがあるのです。

7．子供の遊ぶ声を「騒音」と苦情を言う老人達

近年の日本は、著しく核家族化が進んでいます。

はじめに断っておきますが、僕の解釈による「三世代同居」の定義とは、たとえ親と一緒に住んでいなくても、子供（孫）が望めば、離れている家でも自由に行き来したり、泊まったりと、三世代の交流が仲良く行われていれば、それは「核家族」ではなく、「三世代同居」に等しいという考え方に基づいています。その観点から言うと、「核家族」とは、三世代の断絶と疎遠です。

最近の若い人達の多くの結婚観は、我々のような世代の人達とは違い、当人同士の縁から始まった両家の縁の結び付きを嫌がる傾向にあり、お互いの義父母との付き合いをめんどうくさがります。特に嫁になる女性のほうが、姑との同居を嫌がり、「私はそちらの息子と結婚するのであって、家と結婚するわけではない」という考え方から、「核家族」を好む人が多いようです。が、しかし、それはすごくもったいないように僕は思います。

たとえば、小さな子供がいる夫婦が水入らずで、そこそこの高級レストランへ食事に行きたい時などは、核家族ではほぼ実現は絶望的ですが、三世代同居ならば、孫を祖父母に預けて安

心して食事を楽しめるじゃありませんか？

それから、幼稚園への入園は諦めても、共働きで保育園にはどうしても預けたいが空きがなくて預けられない、いわゆる「待機児童」問題も、三世代同居ならすぐに解決です。それは祖父母による「保育」です。これは国や自治体のためにもなりますよね？　国もそれが十分に分かっているので、三世代同居を促進させるような「二世帯住宅」の建築には、助成金制度なるものを設けているのです。まさに至れり尽くせりで、国に感謝ですね。

にもかかわらず、頑なに核家族にこだわって、待機児童を増やしているのは、今の日本の大きな社会問題となっています。

夫婦二人で、ましてや共稼ぎとなれば、おのずと子供にしてあげられることは限られてくるので、孫の手ならぬ「祖父母の手」が、大変助かるはずです。

逆に、老人ホームなどの介護士の人手不足の問題も、三世代同居によって、子供夫婦が自分達の両親を介護することにより、解決していきます。

このようにして、昔の家族は、三世代が同居することにより、お互いの役割を分担して、家族が国に負担をかけることなく、守ってきたのです。それは国民として、あるいは人として生まれてきた人間のある程度の責務とさえ言えます。

ある程度とは、事情によりどうしても同居ができない人達や、子供を一人で育てていかねばならない不可抗力的環境にいる人達には、当然酌量の余地があるという意味の表現です。

それなのに大方は、あまりにも気安く、ただ一緒に住むのが嫌だというだけで、数も保育士も不足している保育園の座席を占領し続けてはいませんか？　ここらへんで、本当に必要としている人達に「権利」を譲ってはいかがでしょうか？

また、家族の意義と責務として、子供の就学前までの育成と祖父母の終焉までの介護をある程度義務化させ、保育園の入園や、介護付き老人ホームの入居にはそれなりの身上審査を設け、本当に必要な家庭だけに限定し、厳しいようですが、「狭き門」にするべきだと僕は考えます。

しかしながら、それでも不足しているのなら、さらに厳格さが必要になりましょう。それには、国内企業に就業条件で指導をし、協力していただくのはもちろんのことです。またそれを毅然として国民や企業に言えないような政治家や行政はやはり「偽善」としか言えません。

票取りと人気稼ぎのため、「できます」「約束します」と言っておきながら、いつまで経ってもできない（不可能な）ことを、世の中では「詐欺」と言います。商売人ならそう呼ばれますが、政治家なら「偽善」です。

人もお金も限りがあります。ましてやこれからの日本は、少子高齢化により、ますます人口もお金も減っていきます。人口減少はすなわち、その国の「コア」が減少するわけですから、生産力が落ち、「国力」もやがて衰退していきます。ある経済学博士は、「二度とバブルはやってこない」とさえ言っています。

なぜ国は、それらのことを国民に伝えないのでしょうか？　なぜ「権利、権利」と「してもらうこと」ばかりを教え、与え、譲ることの大切さや「我慢」を教えないのでしょうか？

幼稚な国民には文句を言われても、賢者で健全な日本古来の奥ゆかしさを持つ国民は、国が毅然として伝えてくれることを望んでいるはずです。

「そのようなわけで、この制度を確立させるためには、これを我慢してもらわねばならない」とか、「この助成金や支援には、これとそれを我慢してもらわないと、予算が底をつく」とか、国民に毅然と「我慢と協力」を伝えるべきだと僕は思います。


話はだいぶ横に逸れてしまいましたが、このように核家族化が進むと、三世代の断絶と疎遠も進みます。これがどうやら、「子供の遊ぶ声を、騒音だと苦情を言う老人達」を増やしている要因といえるかもしれないのです。

よく女性が、未婚や既婚を問わず子供を出産すると、「母親スイッチ」なるものがＯＮになるから、自然と子育てに励むようになると聞いたことがあります。それが稀にＯＮにならない女性が、育児放棄や子殺しの事件などを起こすとも聞きました。

それと同じように、これは僕の見解ですが、祖父母もまた、三世代が同居することで、「爺・

婆スイッチ」がＯＮになり、孫や孫と同年代の子供達を慈しみ、かわいがるようになるのではないでしょうか？

すなわち、核家族化で子供夫婦と疎遠になり、自分達の孫の顔も満足に見られないで、「爺・婆スイッチ」がＯＦＦのままになっている老夫婦や老人達が、「子供の遊ぶ声は騒音だ」と言っているのだと思います。

またそのような理由がなければ、子供の遊ぶ声を決して騒音だとは言わないと、僕は願いたいです。

ニュースによると、これらの問題は、住宅街が幼稚園や小学校の建設予定の候補地となり、それが自分の家のご近所となると生じる問題らしいのです。

僕が小学生時代をよく思い出して、校庭に出て遊ぶ時間を割り出すと、朝８時から、始業ベルまでの30分、給食後の30分、放課後の３時～５時までの２時間の合計で３時間といった具合です。これくらいの時間帯の中で、子供達が遊ぶ声を、果たして我慢できないものなのでしょうか？

僕はアルバイトで、１クラス30人程度の子供を、体育館で指導していたことがあるので、子供の声のボリュームはよく分かります。

しかしそれは、ずーっと「ギャー！」とか奇声をあげ続けているわけではないので、僕にとっては、昼寝の妨げにもならない程度のノイズで、心地のよい周波数でした。おそらく外や校庭の子供達の声より、家の中で生じる生活音のほうが、大きいと思います。

またこれらの時間帯は、現役世代なら出勤から帰宅までの間でなんら問題にならないはずなので、やはり定年後の65歳以上の方々のクレーム問題なのだと思います。

以上のことから、見えてくるものは、戦後から徐々に進む無意味な「核家族化」は、子供だけでなく、老人達にも薄情化が進むということです。

ちなみに無意味とは、その家族の生活様式や体系が、どうしても三世代同居が不可能な状況にあるといった理由以外で、という意味です。

また、最近の子供達（若い人）の老人に対する薄情化も著しく、酷いものです。車内で席を譲らないのは当たり前、プライオリティシートにも平気で占領する有り様で、そのような光景を見ない日はありません。

さらに一番の問題は、最近の若い人達が言い始めた、「老害」と言う恐ろしい言葉です。新聞の特集によると「老害」とは、若い人達の税金を吸い取る年金に群がる「煩わしい」老人、または、老人増加による人手不足が原因となり、過酷な環境で労働を強いられる介護士達、また、介護士達の過酷な状況をつくりだしている原因である、介護付き老人ホームに居座る老人達のことだそうです。このような解釈により、老人を迫害している若者が、「老害」という言葉を作って、使っているそうです。

それはまさに、戦後の学校教育の負の産物と言えます。つまり、戦後生まれの親達が受けた間違った教育が、そのまま今の子供達に受け継がれ、自己中心的人格の子供を形成してしまいました。

「老害」という言葉は、やがて自分も年老いて、若い国民の力で面倒を見てもらうことになる「お互いさま」の立場であることをすっかり忘れてしまっている若い人の、典型的な自己中心的な考え方です。聡明な若者なら今日からでもすぐにやめて、この言葉を世の中からなくしてしまいましょう。先進国の中でも「笑い者」になってしまいますから……。

戦後の学校教育は、各項目の中でも述べたように、「公よりは個で、個を優先させて、自分を大切にして権利を主張しましょう」という考え方です。簡単に言うと「公」とは、国や公共や自分以外の国民を指しますから、それらとの遵守・協力・協調を考えるよりも、とにかく自分に与えられた自由と権利を主張して生きましょうという教育です。

「自分を大切に」とは一見もっともそうですが、完全な「利己主義精神」です。

実は戦前の日本の学校教育はむしろ、これとは対極な教育方針でした。すなわち、「個よりはまず公であり、国や地方公共などの秩序・道徳を遵守し、国民一人一人が利他のこころを持って、協調・協力し合い、ひいては家族も世代間で協力し合って、初めて、個が成り立ち、住みやすい世の中を作れるのだ」という考え方です。

このように、中学生くらいでも、どちらが良いかすぐに分かるような教育方針が、なぜ、戦後変わってしまったのでしょうか?

それは、過ちの東京裁判を、日本人達に過ちと思わせないようにするための、戦後、米軍で組織されたＧＨＱによる、ＷＧＩＰ（War Guilt Information Program）ミッション、「日本人戦争洗脳工作」に根幹があります。

ここでは詳細は割愛させていただきますが、国際法の言うところの戦争犯罪国は、東京大空襲、広島原爆投下、長崎原爆投下の、女性も子供も問答無用に焼き殺した無差別爆撃を三度行ったアメリカだったからです。

日本は、軍人と軍関係施設以外は、意図的には爆撃をしていません。ただし、真珠湾攻撃の時に従軍看護婦や民間人に少数の犠牲者がでました。しかし日本は、日本軍による真珠湾の攻撃も、実は宣戦布告の打電をアメリカにしていました。ですが、反日のルーズベルト大統領は日本を卑怯国にして、戦争突入の大義名分を作るため、真珠湾にあえて通告をしなかったことが、最近になって分かりました。

のちに東京裁判は、昭和27年に、第一次世界大戦からのアジア諸国での日本の立ち位置やあらゆる情報をマッカーサー元帥が入手し、検討した結果、第二次世界大戦改め「大東亜戦争」は、日本による「侵略戦争」ではなく、欧米列強の植民地支配から東南アジアを守るための抵抗であり、「防衛の戦争」だったことを認めました。

が、時すでに遅しでした。しかし、東京裁判も誤りであったことを認めています。興味のある特に若い人達は、ぜひこのあたりの歴史を勉強してみてください。面白いですよ、初めて知る本当の歴史（史実）は。何しろ、戦後の日本の学校教育で、歴史の教科書にも載せず、子供達にひた隠しにしてきたことばかりが分かるので、「なぁーんだ、そうだったのか」と、目から鱗です。

かくして、ＧＨＱと、その工作に協力する一部の偏向した日本人教育者らにより、すっかり日本は悪者になり、それを成敗した「正義の味方、アメリカ」の図式を作り上げました。当時のアメリカは、日本が東南アジアの小国ながら、戦争してみたら想定よりもずっと強く、驚きました。そして何よりも恐れたのが、日本人の孤高とも言える気骨。それから誠実さと団結力。敗戦したとはいえ、これらが後世にも脅威であり続けることを恐れたアメリカは、なんとか日本人を気骨とは対極の「自己中」で「骨抜き」な人間にしておきたかったのです。そうすれば、国民の団結力も削がれ、「大人」だった気風というか気質がなくなります。

そこでＧＨＱは、憲法の工作だけでは足りないと見て、日本の教育機構にも工作を施しました。それこそが、ＧＨＱが工作したＷＧＩＰであり、件の教育と合わせて「日本国憲法」の作成もその一部なのです。

これまでこのプログラムは疑惑でしたが、２０１５年になって、当時の計画書やマニュアルなどが、米軍関係施設の書庫より見つかり、事実が証明されました。ちなみに日本の各メディアは、これらのことを一切報道していません。各メディアはＧＨＱ贔屓なのでしょうか？

かくして、アメリカの目論見どおり、70年を経た今もなお、日本人を日本人らしくさせないで、「骨抜き」のままにさせています。


しかし、今や日本とアメリカは仲良くなり、同盟国です。そして、現在の軍人はもちろんのこと、70年前の米軍兵士や軍関係者や、当時日本に駐留していた軍人達の中には、日本人の誠実さに惚れた「親日家」もたくさんいらっしゃるそうです。

そのような方々から、最近ではありがたいことに、「日本はなぜ、ＧＨＱが作った憲法をまだ後生大事にしているのか？　今の時代には合わないだろうから、すぐにでも作り変えるべきだ」という声も上がっていると聞きます。それにもかかわらず頑なに憲法を改正しようとしない一部の日本人。不思議な国ですよね？

このような諸般の歴史的背景というよりは、むしろ歴史的運命により、自虐的で国を慈しまない国民を多く持つ国となってしまいました。先進国の中では、とても珍しいそうで、欧米諸外国の人達には、特異な国と思われているようです。

太平洋戦争改め「大東亜戦争」は、「ルーズベルト」と「トルーマン」という、二代続いた反日派アメリカ大統領により日本が深みに嵌められた、誠に運が悪く重い戦争となりました。前述したようにルーズベルトには、開戦時に奇襲作戦を敢行した悪名高き卑怯国にされました。そして終戦間際には、日本がすでに敗戦準備の恭順の意を示していたにも拘らず、トルーマンによって広島と長崎に不必要な原爆投下の指令をだされました。その理由と言うより言い訳は、これ以上戦争を長引かせては、お互いの国の被害は計り知れなくなるので、苦渋の決断の原爆投下だったというものです。これは今の日本でもまかり通った誤った認識であり、アメリカ側の真っ赤な嘘です。真実は、アメリカの偉大さを誇示するため、自国が発明した原子力爆弾の威力がどれほどかを実験するための悪行です。

何年か前に、広島の原爆投下の追悼記念日に、特集番組があり、番組のゲストとして、トルーマンのお孫さんが出演し、記念碑の前でインタビューに答えていました。その中で、広島の犠牲者に対して、なにかお詫びの言葉があるかの問いに、「いや、ない。日本に対するアメリカの心情は、真珠湾攻撃の奇襲を敢行した時の憎しみがすべてだ。だから謝らない」と頑なでした。

僕はその返事を聞いて、とても悲しくなりましたし、「でもそれは誤解です。日本はきちんと布告をしていたのに、あなたの国の大統領が真珠湾に伝えていなかったのです」と、ひと言言ってやりたかったです。さらに「広島の原爆投下も、あなたの国の大統領は、日本軍による迎撃で墜落させられ、広島で捕虜になっていた米軍兵士を巻き添えにしてしまうことを、十分に推測できたにも拘らず、敢行したのです。その兵士およそ12人、日系アメリカ人の被爆者を含めると1000人を超えると言われていますが、どこか矛盾していませんか?」と、問うてみたかったです。

広島に原爆が投下された時の日本人の行動が立派で、涙を誘います。もちろん、即死した遺体や、瀕死の重傷を負った米軍兵士に向かって投石したり、電柱に縛り付ける一部の日本人もいました。無理もありません。普通の心情なら、こんな悪夢的で非情な原爆を投下した国の兵士ならば、殺しても殺し足りないくらい憎らしいでしょう。でも米軍兵士の死体の前で、手を合わせて冥福を祈っている日本人もいました。御仏のこころそのものの日本人らは、重傷を負った米軍兵士や在日日系アメリカ人の重傷者に対しては、日本の病院の日本の医師による救命処置を施し、死体は御遺体と見なして、荼毘に付したのです。日本人の素晴らしい気質のひとつですよね?

さらに彼らは、命を落とした米軍兵士犠牲者達の記念碑まで立てたのです。

「いくら敵国の兵士と言えど、母国の原爆で、まるで見捨てられるようにして亡くなれば、死んでも死にきれないでしょう。そう思うと不憫で放っておけなく、助けました」と、当時の日本人は振り返ります。

日本人に懸命に看病され、また手厚く葬られた米軍兵士達は、さぞや嬉しかったに違いありません。穏やかな気持ちで成仏されて逝ったのではないでしょうか？

トルーマンのお孫さんはきっと、この逸話を知らないのだろうと思いました。またそんなお孫さんには、ぜひとも読ませたい本があります。原爆投下による、広島二中1年生全滅の記録、『いしぶみ』です。

その日不運にも、広島第二中学校1年生321名は、広島中心地の本川土手に、空襲に備えた作業の勤労のため、教師4名と共にたまたま動員されていました。その時に、悲運にも被爆の災難に遭遇しました。しかも真上で……。

この女性も子供も関係なく無差別に殺傷した所業を、真珠湾の軍施設に絞って攻撃した日本に対しての報復だというのですか？　と、『いしぶみ』を読ませたあとに感想を聞きたかったし、もし聞けなくても、読んだあとに慟哭してくれたら、嬉しく思ったに違いありません。

しかしながら、これほどまでの憎しみ深い爪痕を残し、戦争を起こした敵国なのに、今では安保条約も締結している同盟国同士です。なぜでしょうか？　それは、マッカーサー元帥が、戦後に日本の敗戦処理を主観に走らず、冷静かつ客観的に進めてくれたことに尽きると思います。

連合国軍最高司令官ダグラス・マッカーサー元帥は、立場上、戦中は反日強攻で厳しい司令官でしたし、たしかに日本国憲法にもGHQとして施しをしました。しかし、戦後に敗戦処理のため、日本の周辺国から情報を収集していくにつれ、決して日本だけが悪いわけではないことに気が付きはじめ、東京裁判も公明正大かつ、公平に行われるべきだと認識を示しました。さらにその後、東京裁判そのものが間違いであったと認めました。

また、東京裁判で唯一、国際法の専門家で、判事を務めたインドの法学者、ラダ・ビノード・パール判事も、日本の軍人を殺人罪として立件しようとするのなら、広島と長崎に立て続けに無差別爆撃たる原爆を投下したアメリカは、どう問われるのか？　よって日本人は、「全員無罪」であると主張し続けました。まさに日本の恩人と言ってよいでしょう。

ダグラス・マッカーサーと、ラダ・ビノード・パール、この二人によって、日本はかろうじて、立ち直ろうとする気力をわずかながら、もらうことができました。

その後の戦後復興のすさまじい国土整備の推進力と、高度経済成長による目覚しい発展は、周知のとおりです。もしこの二人の、日本に対して偏見のない、取り計らいも主張もなかったら、身もこころも暗い暗い長く重苦しい時代が、尾を引くように続き、おそらく現代《いま》の日本はなかったのではないでしょうか？　それくらい、勇気と、そして元気をもらったのです。

ところでこの日本で、現在の小中高校の授業で、大恩人とも言える、パール博士（判事）の功績を教わり、学んだ人がどれだけいるでしょうか？　もう、皆さんもお気づきのように、おそらく限りなく0《ゼロ》に近いのではないでしょうか？

僕はもう、この国の教育に呆れすぎて、開いた口がふさがりません。ダンスや英会話よりも先に学ぶことでしょう？　日本の子供達が、パール博士の御親族の方々から、「恩知らず」と思われ続けてもいいのでしょうか？　もし、子供たちに学ばせたかったら、靖國神社の博物館「遊就館」へ行きましょう。真剣に見れば、半日はかかるほどの膨大な展示数を誇ります。

話はだいぶ逸れましたが、僕がここで述べたいのは、この「恩知らず」が、今の日本の「利他のこころ」を慈しむという気持ちの欠如につながっているということです。

彼ら2人の行動そのものは、「利他のこころ」です。なぜなら、インドのパール博士はともかく、ダグラス・マッカーサーの立場は、日本を擁護することは、自分の国へ帰れば「裏切り者」であり、「非国民」と言われても仕方のないことを覚悟してまで、信念を貫き通したからであり、それが自己犠牲でもあるからです（事実、その後は役職を解任させられています）。

このように我々には、もっともっと、学ぶべき歴史があるのです。また、これらを学んで初めて、ダンスや英会話をする自由があるのです。これからの日本の教育改革を進めていく、特に若い政治家さん、これをよく肝に銘じておいてくださいね。母国の歴史を知らない人は、英語がペラペラでも、真の国際人には決してなれません。

最後にもうひとつ、ぜひ申し上げておきたいことがあります。

広島の原爆死没者慰霊碑（公式名は、広島平和都市記念碑）の前面には、「安らかに眠って下さい。過ちは繰返しませぬから」と綴られており、これは歴史的に鑑みても滑稽な文句の石碑です。この文句は、世界中の人たちからも不思議がられたり、笑われたりしています。「なぜ、原爆を落とされた日本が、過ちは繰返しませぬからと懺悔するのだ。この台詞はアメリカが言うべきものだろう?」という解釈で、笑い者になっていますが、僕は違う意味でおかしいと思います。さて、いったいどこがおかしいのでしょうか?

それは、だれが考えた文章か、僕は知りたいとも思いませんが、この文面のおかしいところは、日本が侵略の目的で、太平洋戦争（第二次世界大戦）に参戦したという、間違った認識を前提に書いているということです。

文面擁護派は、「これには書かれていないが、主語に全人類はとか、世界中はといった思いの文章が入るのだ」と言っているようですが、ではなぜ、その主語を入れないのでしょうか？誤解を生む文章であれば、入れれば済む問題です。また擁護派は「これは世界の全人類に通ずる広島市民の感情であり云々……」と、さも全広島市民がこの文面に賛成しているように語っていますが、これは全くのウソです。

なぜそのように言い切れるのだ、ですって？　僕のご先祖さまは広島で、祖父母も広島県呉市出身だから、分かるのです。爆心地広島でも、この石碑の文面に怒り・悲しみ、「うちの息子が浮かばれない」と反感を持っている市民もたくさんいらっしゃるそうです。毎年終戦記念日になるたびに、僕のお祖母ちゃんが話して聞かせてくれましたよ。

そんな広島市民の悔やんでも悔やみきれない慟哭をないがしろにしてまで、文章の訂正を嫌がり、意地を張り続けることに、いったいどんな意味があるというのでしょうか？

何度も言うようで恐縮ですが、この戦争は、東南アジアの国々の植民地支配をつけ狙う、欧米列強の怒涛の進撃を阻止するべく日本が立ち上がった戦争なので、「大東亜戦争」という表現が正しく、のちに、マッカーサー元帥もその呼称を認めています。

当時は、東南アジア諸国はまだ貧しく、軍事力も弱かったので、有色の肌の色と共に、欧米人に差別され、バカにされていました。そして植民地支配を狙ってきたので、日本が東南アジア各国に、立ち上がろうと声をかけてきたのですが、どこの国も弱々しく、なかなか立ち上がろうとしませんでした。故に、欧米にしてみたら、日本だけが立ち上がって、歯向かってきたように見えたので、欧米諸国から一身に憎悪を受けました。

韓国を統治したのは二つ理由があり、ひとつは、日本が統治をしなければ、欧米列強に植民地支配されそうになったからで、侵略ではありません。なぜなら、侵略ならば、韓国人のために大枚をはたいて、たくさんの大学や図書館を建設するはずなどないからです。ソウル大学をはじめ、韓国の名だたる名門大学はすべて、日本人が建てたものです。その誠の正しい史実を知る一部の韓国人達は、日本の統治を感謝しており、「日本が統治してくれなかったら、現代の発展した韓国はない」とさえ、言い切ってくれています。

詳しくお知りになりたい方は、シンシアリー先生のご著書をお読みいただければ、分かりやすく勉強できます。先生のご両親も、日本の統治時代を韓国で過ごしました。日本人は優しく親切で、平和で楽しい近代設備で過ごすことができたと当時を振り返っているそうです。幼い頃から両親の話を聞いている先生も大変な親日家でいらっしゃって、毎年幾度も日本にいらっしゃるそうです。

そして、統治のもうひとつの理由は、もし韓国が欧米に侵略されて、そこに軍事拠点を張られると、日本の国土にかなり接近したところから攻撃を受けるので、それを阻止するためにも、朝鮮半島を日本の一部としたかったからです。決して他意はなく、韓国の国民本位に、丁寧に扱ってきたのは、前述したとおりです。

また、東南アジアでは唯一、中国がアメリカ側に付きましたが、その理由として、日中戦争のしこりがあったことのほかに、ルーズベルトが「親中派」だったことが挙げられています。しかし大方の見解は、白色人種が、黄色人種のアジア諸国の植民地化を狙う人種間差別の戦争と世界から批判されないよう、中国を引き入れたという説が有力です。黄色人種の中国を味方に付ければ、「ほら、人種間戦争じゃないでしょ?」という言い訳と大義名分が成り立つからです。真珠湾の一件と言い、相変わらず狡猾ですよね?

改めて、ここではっきりと申し上げたいのは、日本が、自分の国が、悪いことをしてばかりいたように吹聴する間違った歴史や教育を正し、「日本は決して悪くなかった。日本が立ち上がらなかったら、東南アジア一帯は、ほとんど欧米の植民地と化していたかもしれないのに、ここまで本当によく守りましたね」という正しい史実を知り、日本人が胸を張って世界に誇れること・自信をもてることこそが、今後の日本の教育改革・改善の第一歩になる根幹なのではないかと思い、長文で論じた次第であります。

もし、百歩譲って日本が悪いと言うのであれば、それは、「戦争」という解決手段しか選ぶことができなかったことだけです。世界中の国々にも言えることですが……。

体罰の必要性（なぜ、痛い思いが必要なのか？）

1. スパルタが真の優しさなわけ

読者の皆さんは、子供に教育の一環として、体罰を施したことがありますか？　僕の推察ですが、おそらく50～70％くらいの方々は、「体罰なんてとんでもない！」と目くじらを立てているのではありませんか？　まあ、そう言わずに、これからなぜ体罰が必要かを説いていきますので、どうか最後まで読んでみてください。

日本の男子プロゴルファーで坂田信弘という、昭和の匂いがぷんぷんするような人物がいます。残念ながら怪我や故障が多く、ツアー選手の時代にはあまり活躍はできませんでしたが、「坂田塾」というゴルフスクールの塾長になってから、数多くの強いプロゴルファーを輩出して活躍しています。

その彼のゴルフ塾の指導法というか、彼の昭和の厳しい先生のような教育理念なるものが、これがまた素晴らしいのです。ずいぶん以前になりますが、テレビでもドキュメンタリーで取り上げていました。

彼の塾に入塾を許された生徒達。おおむね5歳から12歳程度の子供達が初日の練習よりも前にまず、塾長に教えてもらうこととはなんでしょうか？　それは「痛み」です。

なんと彼は、ひととおりの挨拶を終えると、「ではこれから、ゴルフクラブの怖さと痛さを皆に知ってもらう」と言って、ゴルフクラブのグリップのほうで、子供の頭を叩いて歩くのです。これがまた、「スコーン」とけっこう強く叩くので、5～6歳の子供達は、おそらく初めて経験する痛みでしょうから、泣き出す子もいるくらいです。

「この野郎！　うちの子供が何も悪さしていないのに、いきなり殴りやがって！」と言いたくなりそうですが、まあ、待ってください。なぜ塾長はこんなことをするのでしょうか？　それは、事故やけがを未然に防ぐための予防対策です。

塾長に言わせると、今の子供達は、本当に親にげんこつのひとつももらったことがありません。故に、痛みに鈍感な子供達が増えているそうです。そんな子供達が過ちを犯す事故といえば、男の子がよくやるようなクラブを使ってチャンバラごっこや、ちょっとした喧嘩でクラブで叩いてしまったりする事故です。またたとえ悪気がなくても、時として命をも奪ってしまうクラブの怖さにも鈍感なので、人前で平気で素振りをして起こしてしまう接触事故。起きてしまったら取り返しがつかない、とても悲しい結末が待っています。

そんなことが決して起きないよう、実は坂田塾長の優しい配慮がそこにあります。

それは、手加減をしたグリップのほうでも十分痛いのに、思いきりスイングしたクラブヘッドが誰かにあたったらどうなるかを、子供達に実体験と共に理解させるというものです。そして、安全確認の大切さを説いているのです。

その厳しい教育の甲斐もあって、悪ふざけや危険な素振りをする子供は、塾には一人もいないそうです。

それはすなわち、痛みと怖さを学習したからに外ならず、「私なんか、子供に手を上げたことなんてないんだから……」と、誤った躾や教育をしている親達からは、決して学べない貴重な経験をしたといえます。

坂田塾長の教育は、「体罰」とは少し違い、悪いことをした時のおしおきをする以前に、叩いて教えるという一歩踏み込んだ、見た目には「スパルタン」な教育です。

しかしながら、これにもちゃんとした意味があって、起きた（起こした）あとで教えたって、叱ってそこで体罰を与えたって、取り返しがつかない大事故のあとでは、なんの意味も持たないのです。

だから、子供には大変酷なことですが、悪いことをしなくても、それをする前に、痛みを知る「事前体罰」なるものがどうしても必要になってくるのです。

これは、坂田塾長の子供に対する深い愛情に外ならず、本当に感心させられます。ゴルフが上手くならなくても、これを躾てくれたことだけでも、この塾に行った甲斐があり、「これ、百万両の価値あり」です。

2. 肉体的な痛みを知って、こころの痛みを知る

このような、坂田塾での教育も「体罰」が必要な一例ですが、なぜ体罰が必要かもうひとつ重要な意味があります。それは子供が体罰によって、「同情心」を身に付けるからです。

たとえば、よその家族連れの子供が、お父さんに叱られてげんこつをもらって泣いていたとします。すると、同じく「げんこつ」といった体罰の経験のある子供だと、「あーっ、げんこもらっちゃって痛そう。悲しいんだろうなぁ」と、幼いながら、同情できます。しかし、これが体罰の経験がない子供が見ると、痛みを知らないから同情心が芽生えにくいのです。この差は歴然で、人が生きていくうえで、とても大きな意味を持つと僕は思います。

なぜなら、相手の痛みを知るという想像力の欠如が、欠陥を持つ人間になる可能性があるかもしれないからです。

同情心とは、想像力を必要とします。それはやがて、人の気持ちを慮れるこころに成長していきます。すなわち、肉体的痛み（苦痛）の同情が、人間的成熟と共に、相手の精神的苦痛にも同情できるようになるというわけです。

たとえば、最近の社会的問題となっている、学校内のいじめ問題。相手に精神的・肉体的、

両方の苦痛を与えて喜んでいる輩達の残酷な仕業です。これは、親や教師から体罰を受けたことのない、同情心が欠如している子供達の社会で蔓延している事象なのではないかと、最近僕は強く思うのですが、いかがでしょうか？

もちろん、１００％ではありませんが、統計をとったり追跡調査をすれば、おそらく圧倒的に、親が「かわいい、かわいい」と体罰を与えず、甘やかされて育てられた子供達のほうに多く起こる事象のような気がしてならないのです。

しかし稀に、信じたくはありませんが、いじめられる人のこころや肉体の苦痛を十分に知ったうえで、行為におよぶ極悪人もいますが、それは論外とします。

たとえば、これは有識者から以前に教えていただいたことなのですが、今の世の中、体罰などの痛みを知らないまま、大人に近い腕力を持つ中高生くらいの子供達が、昔より多くなったそうです。そして、その子供達が起こすケンカや暴力沙汰の事件・事故が、悲惨で大きくなるものだと聞いたことがあります。なぜでしょうか？

それは、手加減を知らないからです。どれだけの力を込めたら、相手はどのくらい痛いのだろう？　とか、どれくらい力を込めたら、相手は傷つき、ケガをするのだろう？　といった「想像力」、すなわち、「同情」が完全にこころの中から欠如してしまっているからです。

だからこそ、人の肉体的な痛みや、こころの痛みを想像し、「同情」できる人間になれるように、親や教師は躾・教育をしていかねばなりません。故に繰り返し同じ過ちを犯しても、反省しない子供には、時に体罰をもって叱ることもとても大切であると同時に、必要なことなのです。

しかしながら、今の日本の世の中は、「体罰」と聞くとすぐに「虐待」と解釈し、何やらとてつもなく悪いことで、やってはならないことのように、吹聴されています。

そう捉えられる原因のひとつに、ＧＨＱに影響を受けているか否かは分かりませんが、一部の偏向教育者やメディアが、悪いことだと吹聴し続けていること。また、それらを鵜呑みにするモンスターペアレンツの存在があります。

そして、精神的にまだ未熟な親や教師が、子供を叱る正しい体罰ができず、感情をコントロールできないままに怒った結果、ゆきすぎた「体罰」ならぬ「暴力」になってしまうことにもその原因があると言えましょう。

これらの事由により、特にここ30年くらいの間に、体罰が敬遠されるようになりました。

それでもこの本を読んでくださっている博識な先生方や、常識的な親御さんなら、決してこれらの問題を履き違えないよう、こころを鬼にしてでも正しく叱り、時にはげんこつや平手打ちの体罰を与えてあげてください。「将来この子が立派な大人になりますように」と祈りを込めながら……。

そしてつい最近でも、角界の有名力士の上下関係の摩擦から暴力事件が起き、「やっぱり体罰＝暴力となり、いけないことなんだ」と、誤解や間違った捉え方をする人が出てきそうなので、改めて申し上げておきます。また日本人を相変わらず骨抜きのままにしておきたがる、一部の偏向教育を推していて、一見もっともらしく論評している学識者などに、この事件を機に言い込められるといけないので、なるべく声を大にして言います。

その前に、ここで改めて「叱る」と「怒る」の違いを整理してみましょう。

「叱る」とは、叱った相手や「子供」の将来を慮り、繰り返し過ちを犯さぬよう指導したり教えてあげたりすることで、理性的な立ち居振る舞いです。したがって、体罰であっても、痛みで躾る気持ちがあるので、手加減もできることから、「施す」と言います。

これに対して、「怒る」とは、自分の気分が最優先であり、相手や「子供」が自分の思いどおりにならないのが不満で、自分の要求や欲求を満たすことが前提になりがちです。冷静にかつ理性的にも叱れません。そのため「体罰を施す」のではなく、「暴力を振るう」と言います。感情も激しくなり、たいていの場合、ゆきすぎになります。

故に、教育や躾に「叱る」ことはあっても、「怒る」ことはあり得ないのです。また、あってはならぬものです。

ではこれらは、どうして混同されてしまうのでしょうか？　ひとつには、間違った国語教育にも要因があると思います。おそらく7～8割の人は、「叱る」を「怒る」と表現し、「親に叱られる」とは言わないで、「親に怒られる」と言うのではないでしょうか？　まさしく、そこに落とし穴があり、これらは意味が違うものと認識し、改めていかないと、いつになっても体罰を施して叱ることは、悪いことのままにされてしまいます。従いまして、ぜひ読者の皆さんには、正しく認識していただきたいものです。

前述した暴力事件で問題となった先輩力士も、はじめはきちんと躾るために後輩を叱ったに違いありません。けれども、お酒が入ってのことなのでしょうか？　叱っていたのが、だんだんとエスカレートし、いつの間にか怒ってしまったのでしょう。誠に残念な結果になってしまいましたね。

3．子供を正しく育てる

最近でとても気になり、驚くこととして、ベビーカーに乗っている子供が、およそ年齢にそぐわないことです。

我々の時代には考えにくいことなのですが、歳にすると、間もなく幼稚園に入園しそうな、時にはすでに幼稚園児のような出で立ちの子供をベビーカーに乗せている光景を目にしますが、とても理解に苦しみます。

これはどういうことかと言うと、ひとことで言えば、育児放棄と等しい、現代の母親に見る、誤った教育と言えます。

人は、歩むことにより、知能が発達していきます。

それは、動物の世界とて同じことであり、むしろ人間の文明だけが、生まれてから、自分で歩けるようになるまでの間に、楽チン車（ベビーカー）に乗せてもらえるのです。その代わりに動物達は、ほぼすべての哺乳動物が生まれてから24時間以内に歩けるようになる能力を与えられています。

なぜなら、動物の世界では、移動ができないのは、死を意味するからであり、自力歩行ができるようになるまでの成長の時間は、人間より動物のほうが早く、知能や、自分の身を守る学習能力も遥かに高いのです。

それなのに、すでに歩ける能力が備わっている年齢の子供をベビーカーに乗せているのは、脳の発達が遅れ、大変深刻な問題になります。

ではなぜ、このようなことをするのでしょうか？　それは、親も楽がしたいからです。たしかに、世知辛い世の中に対して、怖いもの知らずのひ弱な幼児をウロチョロさせるのは、危なくてしょうがないと思われるかもしれません。交通事故も心配です。なので親は、四六時中目を離さないか、手をつなぎ続けなくてはなりません。しかし、ベビーカーに乗せておけば、そのようなことをある程度サボれるのです。

でも、ちょっと待ってください。もっと良い方法があります。それは、子供をそのような危険極まりない繁華街や人混みに、できる限り連れていかないことです。

そのような場所に連れていくのは、果たして子供のためでしょうか？　僕がそのような親子に遭遇した見立てでは、おそらく70～80％は、親の都合です。またもし、子供のためならば、年齢にそぐわない子供をベビーカーに乗せることなど決してないからです。

親の覚悟とは、まさにこれです。親が遊びに行きたいところが、歩行ができるか否かに拘らず、小さな子供を連れていくのに危険が伴い相応しくない場所であれば、子供がある程度成長するまで我慢をするということです。

その我慢をするべきか？　という国際調査の問いに、日本の母親達はわずか30％しかＹＥＳと答えられませんでした。先進国でワースト1です。逆に言えば、これらの我慢をするのが嫌だと思う親が多いのが、日本の極端な少子高齢化の要因のひとつであるとも考えられるのです。どうしましょう？　読者の皆さん。何か良い改善策があるでしょうか？

僕は、やはり教育に尽きると思うのです。もはや戦後の教育を一から見直す時期にきていると言っても過言ではないのです。

ここで言う一からとは、母親・父親のその前の世代である祖父母からの教育の見直しです。なぜなら、教育とは上から降りてくるものだと思うのです。ですから、まず祖父母の方々から、しっかりとした教育理念と利他のこころを併せて持っていただきたいのです。そして自分の孫の代まで伝えていく。でもこれは、戦前にはきちんとできていたことでした。それが戦後に、ＧＨＱとそれに協力した一部の偏向教育者にみごとに邪魔をされ、崩壊しました。しかし戦後の教育は決して正しいことではないと、頑なに拒み続け、日本古来の教育を地道に守ってきたのが、昭和一桁生まれ以前のいわゆる「雷おやじ」や「げんこつおやじ」達なのです。

よく現代の親や教師・評論家が、「今の子は褒めて育てる」と言いますが、僕はその育て方は間違っていると思います。褒めるだけでは、子供のこころは育ちません。叱られながら躾られて育っていき、そのあとに褒められてこそ、初めて喜びを感じ、人は成長していくものです。

故に、最低限でも社会で通用する、ひと通りの道徳や礼節を身に付けるように育て、またある時には叱り、聞かなければ体罰を施し、それができた時にさらに長所を伸ばしていけるように成長させる時、初めて褒めてあげるのが正しい真の教育だと僕は断じたいのですが、皆さんはいかがでしょうか？

最近、子供や街を闊歩する若者に、注意したり叱ったりすると「キレる」から怖いという大人達が多いでしょう？　それは、褒めて育てられたからにほかなりません。なぜならそれは、逆に言えば「叱られていない」のであり、すなわち「叱られ慣れていない」から、子供達がキレるのです。無理もありません。今まで躾は放任で、何も言われなかったのに、少し大きくなってから、ある日突然叱られるわけですから。子供は、小さい時には、叱られると泣きますが、ある程度大きくなって青少年になると泣けなくなるから、キレたり怒りに変わるわけです。きちんと躾られていれば、注意された時に、「あっ、いけね、（いけない）忘れてた」と気が付いて、すぐに反省できるのです。

故に、「三つ子の魂百まで」のごとく、幼い頃からの躾が、叱られた時にいくつになっても聞く耳を持つ人間を育て、人の生涯を通じてものを言うのです。

（最後になりますが、心身いずれかにハンディキャップのある子供が、ベビーカーに乗ること

は、当然、前述したことに含まれませんので、念のため申し添えます）

ゴミのポイ捨ての救世主「グリーンバード」

1．ゴミを捨てることの本当の意味とは？

最近の若者はと言いたいところですが、こと、このゴミのポイ捨てに関しては、いつの時代にも見られた、人の迷惑も顧みない自己中な行動です。しかしながら最近の若者のポイ捨ては、我々の時代と少し違う特異な面もあります。

では読者の皆さん、ゴミを正しく捨てるとは、いったいどんな意味を持つのでしょうか？

それは、僕なりに解釈すると、そのゴミに対して最後まで責任を持つことを意味します。

たとえば、少し以前（2～3年前）にテレビで特集をしていましたが、グリーンバードという、ゴミのポイ捨てをやめて街をきれいにしましょうと、啓発も含めてゴミ拾いをしているNPOを紹介していました。今までその行動とはまるで対極にいて、ゴミのポイ捨てをしていた若者の更生と自己啓発に、どれだけ重きを置いているのかは分かりませんが、やっとこのようなことに立ち上がってくれる人が現れたなと、素直に感心しました。

けれども、更生や啓発行動でＮＰＯに参加している若者に、正しくゴミを捨てるとはいったいどういうことなのか、その意味をどれだけ深く掘り下げて教育しているのか、非常に興味があるのです。

たとえば、「今日はこの区域で、ゴミを拾ってきてください」と活動を行った場合、１００％ゴミと定義できるものを拾ってこられた場合は、ゴミに対して正しい認識と深く掘り下げた教育を受けていると言えると思います。しかし時間がなくて拾いきれなかったという理由以外で、ゴミを集められなかった若者も少なからずいるのではないでしょうか？

その理由は、現代の若者のゴミの捨て方に、一部ですがある特徴があるからです。

それは、ゴミの「置き去り」と「放棄」です。このような所業をする若者は、往々にして「捨ててはいない（地面に投げ捨てていない）からゴミのポイ捨てではない」と言います。続いて、「近くにゴミ箱がなかったから、どこに捨てていいか分からず、ここに置いておけば、分かる人が捨ててくれるから、それでいいと思った」という言い訳をします。

それは誠に手前勝手で、責任の放棄であり、人に頼った「ゴミのポイ捨て」と同じ意味を持つことを分かっていません。持ち帰るという手段があるのにそれをしないのは、汚いし、面倒臭いからという自己中にほかならないのです。それが証拠に、置き去りにする時は、決して地面に置きません。言い訳がましく、人の家の塀の上とか、屋内・屋外問わず、椅子やテーブル、階段の手すり、そして、灰皿の上や傍らなどに、ご丁寧にボトルなどは転がさずに立てて去る。これはやはり、ゴミのポイ捨てと同じで、「不法投棄」をする悪い大人どもと変わりはありません。

以上のように、自ら出したゴミに対して最後まで責任を負わないことを、ゴミのポイ捨て（不法投棄）と言います。

ゴミを正しく捨てるとは、最後まで責任を持つことなのだから、そこに一点の曇りなく、完全無欠に完結することが求められます。

どういうことかというと、公の取り決めに従い、自分以外の世の中すべての公に対して、迷惑をかけず、ケガや事故・病気、またそれらによる死亡事故などが被ることのないよう、公を慮る利他のこころを持つことだと思います。

したがって、たとえば、サッカーワールドカップへ観戦に行った日本人サポーターらが、観戦後にゴミをきれいに持ち帰ったと称賛されたことは、大変喜ばしい限りです。グリーンバードの若者への奨励のおかげで、やっとここまでスタンダードになってきましたね。これからはさらに、人が見ていないところでも、きれいにゴミを持ち帰ることができたら、なお素晴らしいことですし、百点満点と言って良いでしょう。

また最近では、ゴミ拾いの活動を世界に広めようと、フランスの街中でも朝のゴミ拾いと称してボランティア活動か何かをしている姿をテレビで放送していました。これらも、フランス人に感謝されて嬉しいことなのでしょうし、各国のお手本となり必要なことかもしれませんが、世界的な「体裁」ばかりに気を取られずに、まずは自分の母国、国内をもう少しきれいにするように努力してみてはいかがでしょうか？

特に高速道路の出入口と、一般道との立体交差の緑地帯などは、人に見られることなくゴミを投げ捨てられるので、もっともゴミの不法投棄が多い日本の「恥部」です。すなわち、人の見ているところでは、体裁を気にして品行方正にゴミをきちんと処分しますが、人の見ていないところでは、ポイ捨てをする日本人の闇の部分です。

そしてこれを避けて通り、問題を解決しなければ、どんなに諸外国の街でゴミの収拾をしたって、世界の人々のこころを打つことは決してできないのではないでしょうか？

なぜなら、たとえば前述のフランス人達が、もし日本へ旅行に来た時には、おそらく、「遠い異国の私達の国でさえ、きれいにゴミを拾ってくれる日本人が住む国なら、どれだけ街をきれいにしているのでしょう」と、興味と期待を寄せて来るでしょう。

その時に、立体交差の緑地帯のゴミの山を見たらどのように思うでしょうか？　きっと、

「なぜ、外国でゴミを拾ってくれる日本人は、母国の汚い場所を放っておくのだろう？　もしかしたら、体裁を気にしたパフォーマンスだったのか？」と思わないでしょうか？

逆の立場で考えれば、もっと分かりやすいです。日本に来て、ゴミをきれいに拾ってくれるフランス人の団体を見て、「あっ、すごいな。ありがたいな」と思ったままフランスに行ってみたら、街中ゴミだらけ……。その時に、「なーんだ、あれはパフォーマンスだったのか？」と思いませんか？

これではせっかくの好意も色褪せて、こころを打つはずがありませんよね。だからこそ、まずは母国をきれいにすることが、世界中から尊敬される第一歩になるのです。それには、母国内の「公を」まずは慈しみ、大切に思うことです。

ここでいう「公」とは人に限らず、動植物から建物、おおよそこの世の中で自分以外のすべての「有形物」を指します。また、これを遂行できるのは人間だけなのです。それは、この世の生き物の最上位に立つ人間の使命であり、万物（公）を慈しむこころそのものです。それくらいゴミを捨てることの責任は重いのです。

その観点から考えると産業廃棄物、とりわけ使用済み医療器具の不法投棄などは、伝染病の蔓延の恐れがある罪深き所業ですが、僕がもっとも心配しているのが、核廃棄物の先送りともいえる処分方法です。

2. 核のゴミと日本の「抑止力」との不本意な因果関係

僕は、基本的には原発賛成派です。

理由は二つあります。まず、原子力の平和利用ができます。これは、近未来の課題でもある資源効率の劇的改善にも繋がる貴重な技術となり得るものです。そしてもうひとつは、平和ボケ的綺麗事と偽善を抜きに語れば、核資源を持つことによって、日本の領土や、領海域の資源を付け狙う、国際法を犯す盗っ人猛々しい国々を牽制する、言わば戦闘に及ばない暗黙の防衛（抑止力）になるからにほかなりません。分かりやすく言えば、武士が刀を持つのと同じです。

地球上から本当に核や武器をなくし、その結果、戦争もなくす。そのためには、世界中のすべての国々が一斉に、かつ一秒の狂いもなく同時に核や武器を捨て去ることに尽きます。

しかし、現実にはそれがなかなかできない。そこに人間の弱さや狡猾さがあります。それはなぜかと言うと、捨てる振りをして「捨てない」国が必ず存在するからです。

「いっせーの、せっ！」で他国に捨てさせておいて、実はこっそり取っておく。あと出しジャンケンみたいなものです。

しかし他国に対してそのような疑心暗鬼になった結果、たった一カ国でも約束を破ったら、この方法は何年、何十年、何百年かかっても、地球上から武器が消滅することは不可能なのです。

故に、誠に残念で不本意ながらも、日本とて危険な国々をけん制する、「見せる」防衛力がどうしても必要なのです。それは国家が、世界的脅威から国土を守るという、ある意味では、国民を慮る利他のこころだと僕は信じたいです。

これがすなわち、櫻井よしこ先生や、安倍晋三首相が主張する、戦争を未然に回避する「抑止力」です。

逆に僕が信じられないのが、これらに反対する政治家達です。彼らは、その抑止力を持つことこそが挑発行為となり、他国から狙われる原因となるから、「丸腰でいろ」と主張します。でもよく考えてみてください。人間同士の争いにたとえれば、分かりやすいと思います。

もし人間が、相手に何か悪さしようと考えた時、木刀や日本刀といった護身用具を携えている相手と丸腰の相手、どちらを選ぶでしょうか？

答えは歴然で、丸腰を狙うでしょう。こんな例から見ても、「武器（軍事力）を持たない＝平和」と主張する政治家の考え方は、現実から目を背ける無責任な「偽善」だということが分かります。

また、「自国にもリスキーとなる戦争なんて、今時やらないだろう。日本が攻撃されることなんてまずないから、防衛力や抑止力の準備なんていらないよ」と言っている政治家や平和ボケしている国民は論外として、「もし攻撃されたら、日米安保の保障条約内ならば、アメリカが守ってくれる」と、安易な考えを持つ政治家や国民もいます。果たして本当にそうでしょうか？

あれだけの大国アメリカともなれば、それこそ数多くの国との貿易や外交が存在します。故に、他国との関係を辿っていけば、必ず日本に不利益な国とも外交があるわけです。したがって、日米がいくら友好であっても、手放しでいつでも日本の味方で庇護する立場であり続けるのが、困難な状況に置かれることがきっとあるはずです。

そのような時に、日本が緊急で危機的状況に陥った場合、米軍はリアルタイムで動けず、どうしても一歩遅れるような躊躇が生じる可能性も否めないのです。

一歩の遅れとは、戦争などの有事において、大量の犠牲者が出るか否かという瀬戸際では、被害が出てしまったあとを意味します。そのアメリカの立場や事情と、起きてしまったあとの日本の計り知れない被害を、安倍首相はよく知り尽くしているからこそ、「自主防衛の努力」ひいては、「憲法改正」を提唱しているのです。

3. 原子力の平和的有効利用の使命と、放射線量に対する「こころのアレルギー」を持つ日本人の心構えとは？

原発反対論者の方々は、従来の火力発電と、太陽光や風力などの自然エネルギーの発電だけで、日本国内の発電量をすべて賄えると算出しています。

たとえば、辛坊治郎さんが書かれている『この国で起きている本当のこと』シリーズを拝読させていただくと、太陽光発電の目まぐるしい技術革新などで、高効率化を実現させた資源効率を踏まえた算出では、たしかに電力料金を値上げしなくても十分賄えることも納得しました。

僕は、個人的には、辛坊治郎さんの大ファンです。日本一の中道派のジャーナリストであり、論客解説員だと思っています。

しかしながら僕は、辛坊さんの意見と少し違い、国家は原発を推進し続けていただきたいと思います。それは、前述した二つの理由があることはもちろんですが、さらに付け加えて述べさせていただきます。

それはやはり、日本の将来や資源の国外依存度を考えた場合、湯川秀樹博士の原子力による平和有効利用や、小柴昌俊東京大学特別栄誉教授のカミオカンデによるニュートリノの研究は、ノーベル賞を受賞した世界に誇れるものであり、後世にも後継者が大切に育み、受け伝えていくべきものなのではないでしょうか？　故に、究極的な安全率が備わるような原発の研究を続けていくことも、日本の未来の発展には必要だと思うのです。

けれども、それにはやはり、遂行していく条件があります。ひとつには、核の最終処分のさらなる研究を重ね、後世に放射能汚染の問題などを先送りしないよう、１００％安全に処理できるように近づける努力を重ね、ツケをなるべく残さないことです。

現在では、核廃棄物から放射能漏れがないようにガラス状に固体化して、地下３００メートルの深さに埋設して処分をするそうです。

しかしその方法で、果たして土壌がどの程度の放射能汚染の可能性があるのか、いまだに正確な数字が算出できていないと聞いています。それと共に、その他の埋設物と支障が生じた場合に、移転工事ができるか否かの議論をしていく必要もあります。

けれども日本人の場合、歴史的背景から、放射能の数値に神経質になりすぎているのも否めないでしょう。それは、日本は世界で唯一、核爆弾の被爆国であるからにほかならず、放射能に対して「こころのアレルギー」を持ってしまうのは当然のことかもしれません。

しかし僕は、その「こころのアレルギー」をもっとも強く持っていそうな、被爆地広島の戦前・戦後を生き抜いた先輩の手記を以前に読んだことがあるので、あえて意見を述べさせていただきたいと思います。

その手記には、動植物から有形物すべてが壊滅したと思われた爆心地でも、翌年には道端の草が立派に花を咲かせていたそうで、草木の生命力に大変驚かされたと記されています。

また、世界にも目を向けると、たとえば、天然の岩盤がある地域や、イタリアなどの石畳があるような地域は、天然の岩石が発生する放射線量の数値ときたら、日本人が聞いたらそれこそ、目の玉が飛び出るくらい高い数値だそうです。その放射線量を逆に有効利用して湯治場にしたのが、イタリア人の憩いの場となっている「岩盤温泉」であり、日本で言えば、「ラドン温泉」がこれにあたります。適量の放射線が、甲状腺癌に有効だと聞いたことがあります。

僕は専門家や有識者ではありません。故に、放射線が人体に与える影響と、草花に与える影響に、どれほどの違いがあるのかは、分かりません。けれども、件の草花の生命力や、イタリアの岩盤浴の有効利用など、放射線＝決して被害や死ではないのです。

戦時中に原爆の犠牲になられた方やそのお身内の方々、また東日本大震災による原発事故で亡くなられた方々には、大変不謹慎な見解で恐縮なのですが、世界中のいろいろな国の見識に目を向けて世界標準を知り、そのうえで、放射線量の限界（許容）数値を決めていく。その姿勢が適切であると思うし、また、その世界標準を冷静に判断して初めて、日本は原子力の有効利用に邁進していけるのではないでしょうか？

話は少しとびますが、日本の現在の環境問題を列挙してみると、福島第一原発事故による放射能漏れ問題をはじめ、豊洲市場のベンゼンなどによる土壌汚染問題、世界一厳しい狂牛病（ＢＳＥ）の全頭数検査問題などが挙げられます。

しかし、節税、節税と言いながら、完璧主義な日本人は、これらの問題の長期化と、それによってかさむ高額な諸費用は、すべて税金で賄われている無駄を知らない人があまりにも多く、日本人の病的な「ゼロリスクの呪縛」です。

厳しいハードルをさらに高くすることによって、人の命や生活が数多く守られるのであれば、何にも代えがたいことですが、アメリカのＢＳＥ問題の見識者に言わせると、日本のＢＳＥ検査は、アリを一匹駆除するのに、ゾウを使って全力で踏み潰すくらい無駄な検査なのだそうです。

そもそも、我々の生活でゼロリスクというものはありません。道を歩いてもリスクはあり、通常使う電気も、それが作られ、運ばれてくるまでには、相当な環境リスクを発生させています。私達は、こういうリスクをある程度覚悟しながら、その便益（ベネフィット）を使って生きているのです。

これは、環境リスク学の見識者、中西準子さんのコラムなどから学んだことです。

また、豊洲市場の土壌汚染問題をさんざん騒いでおきながら、今まで「おいしい、おいしい」とさんざん飽食し、貪ってきた築地市場の食材が、実はベンゼンまみれの土壌の上で扱われてきたことが最近発覚しました。ヘソで茶を沸かすとは、まさにこれです。笑止千万ですよね。それなのに、なぜ小池都知事は豊洲移転のゴーサインを出さないのでしょうか？　マスコミは、「以心伝心」のように、権力の言葉や風評に感化されてしまうことが時としてありますが、今回の豊洲問題もまさしく同じような状況だと言えます。

もう皆さんもお気づきのとおり、土壌から湧き出る井戸水（地下水）を使っていた昔と違い、ダムの貯水地などの綺麗な水系から引っ張ってきた上水管から出る水道水は、現地の汚染された土壌には一切関係ないのです。特に東京都は多摩川水系の綺麗でおいしいお水と評判の水系です。したがって、築地市場がどんなに汚染された土壌の上で営んでいても、食材に少しも影響がなく、安心して食べてこられた由縁がそこにあります。なので小池都知事は、一日も早く国民の誤った認識を正し、そして教え、オリンピックと築地市場移転のプロジェクトを邁進していかなければなりません。もう少しの猶予もないのですから。

（この文章の執筆中は、まだ移転日が決まっていませんでした。その後、２０１８年10月6日に豊洲へ移転しました）

これらの事案を列挙してみると、まるで、親が「食べられるよ」と言っているものを、「食べられない」と言って聞かないわがままな子供を過保護に放置しているように映るのは僕だけでしょうか？　ならば、母親の立場である国家が、「このような考え方や状況が続けば多額な費用がかかり、税金の無駄遣いになるのよ」と、子供の立場である国民に教えてあげたらいいのにと思うのですが。

以上のように我々は、ほかのことで税金の無駄遣いと国に文句を言う前に、これらのことを胸に刻んでおく必要があります。ちなみに、世界一厳しい無駄なＢＳＥ前頭数検査も16年半続いた２０１７年３月（無事？）に終了しました。

話は戻って、もうひとつ問題があります。弊社でも地下土木工事の業界と、お付き合いがあるので分かるのですが、先ほども申し上げたとおり、地下（地中）にはたくさんの埋設物があります。ですから、無限にあるように思われるスペースも、実はけっこう限りがあり、制約もあるのです。そのうえ、核廃棄物の最終処分場の受入可能（賛成）県数は、47都道府県中、埼玉県を含めて４～５県程度の有り様です。

故に、最終処分場の土地面積の確保には、かなりの制限が出てくるのではないでしょうか？　それに、地下土木の建設には大変なコストがかかり、地上の土木建設に比べ、数十倍の予算が必要となるでしょう。以上のことを踏まえて、最終処分を遂行するには、やはり「もんじゅ」のような高速増殖炉を使って核廃棄物を再利用し、可能な限り最終処分する廃棄物を圧縮・最縮小化して、処分する必要があるのではないでしょうか？

また、もうひとつには、原子力・火力・自然エネルギーの三位一体で、エネルギーの供給を考えて行く手段もあります。

その場合、原子力・火力・自然エネルギーの構成比率は、基本的には4対3対3が理想ですが、どれを「4」にしても結構だと思います。火力を従来までの石炭や石油に頼らず、「メタンハイドレード」や「シェールガス」などの新しい燃料を有効利用できるのなら、将来的には火力を「4」にするのもありですよね。

また、件の最終処分場候補地の占有面積の確保で、比率を決めるのもありです。面積数の確保が著しく難しい場合は、原発の比率を「2」に落として、4対4対2の配分で考えていく方法もあるのではないでしょうか？

このように日本を取り巻く環境、すなわち現状の国内・外すべての諸事情を考慮した、原子力の有効活用は、日本の未来の発展と防衛（抑止力）を兼ねた、まさに「一石二鳥」の国策ではないかと思いますが、皆さんはどのようにお考えでしょうか？

選挙への提案

1．国民があきれるどころか、外国の大臣も驚く日本政治の元凶とは？

これは僕が、日頃から考えていることです。

今の日本の選挙制度のままだと、国会・県会・市議会から、知事・市長・町長と、政治に携わるすべての人が、少数だか大勢だかは図りかねますが、国民にうそをつき続けなければならない構図をつくってしまっています。

なぜなら、日本（国家）の台所事情や、社会知識が欠如している人ほど不平不満が多いので、票取りと人気稼ぎのためにそれらの人々と、できない約束をするからです。ましてや、権利だとして「してもらう」ことばかり考える「足るを知らない」幼稚な人が多ければなおさらです。「足るを知る」は大人的思考ですから。

不平不満の多い人は、自分を省みず、他人や世の中のせいにしている人が多いので、やはり自己中心的な思考となり、そのままでは、選挙には不適合と言わざるを得ません。

そこで、18歳になったら、選挙権をのべつまくなしに与えるのではなく、選挙に参加したい人は、投票権を得るために、試験（適性検査）を受けるのです。試験といっても、受験勉強をしなければならないほどの難しさを求めるのではなく、一般常識と、これが大切なのですが、「利他のこころ」があるか否かの適正診断を行い、合格者のみに、選挙権を与える仕組みを作るのです。

試験を放棄する人や、選挙に参加はしたいが、受験は嫌だという人には毅然として投票権を与えません。ただし、受けたい人だけに受けさせて強制は一切しない。したがって選挙に参加できる人は、今よりもずっと少数になってしまうかもしれませんが、それもやむなしでしょう。

これくらい大胆なテコ入れをしないと、今の日本の政治は本当にダメになってしまうと思います。

このように少数精鋭で投票し、本物の政治家を世に問うのです。

また政治家になりたい人も、資格試験制度みたいなものを設け、利他のこころがある者だけが、立候補できるようにするのです。それには高学歴か否かは一切関係ありません。

すなわち、一流大学卒でも利他のこころがなければ不合格で、二流大学卒でも利他のこころがあれば合格になるということです。

このような政策がもし実現できれば、選ばれた政治家達が、幼稚な人のご機嫌とりのために、調子のいい（耳触りがよく心地よい）ウソをつく必要がなくなります。

また、幼稚な人用の目先の得することばかりで、世の行く末を見据えない場当たり的な法案と、現実的で真摯な大人用の法案の提出とで、国会審議がねじれたり、こじれることもなくなりますので、可決も早くなり、国の政策も速やかに進みます。

かくして国会は、国が現状でできることの限界を国民に伝え、国と国民が熟考することで、本物で現実的な政策が立ちます。選挙権を得るために試験を受ける案は、本当の意味で豊かな国づくりへの最良の近道になると思います。

何年か前に、前大阪市長だった橋下徹氏がなかなか決まらない滞った市政策に嫌気が差して、独裁しかないというような言葉をこぼしていた記憶があります。

これは、石頭の人が聞けば極論であり、暴論とも受けとりかねない発言ですが、僕は、もしその独裁者が利他のこころを持って国を治めるのなら、それもありかなぁーと思う時もあります。

なぜなら日本は、今は真に平和ボケした自由主義国家で、場当たり的でうすっぺらな法案や呑気な政治家達によって、本当に必要な重要法案の成立に10～20年の歳月が、かかるからです。故にこのまま選挙改革をしなければ、今後も国が抱えている重要法案に50年（半世紀）前後の歳月を要する「悪政」になってしまうかもしれません。

日本をとりまく世界の世相は今、中国、ロシアという大国と密接に関係している朝鮮半島問題、そして東南アジア諸国とのかかわり方など、一時も気を抜けない状況にあります。そのため、蜜月関係にあるアメリカとの距離感も、常に感覚を研ぎ澄ませていなければなりません。

そして、オバマ前大統領が「アメリカは世界の警察ではない」宣言してしまったことによる、中東地域の無法地帯ともいえる紛争と治安の悪化。などなど、外交ひとつ取っても枚挙に暇なく、法案可決のスピードが求められる時代に、なんとまあ時代錯誤というか、時間が大変もったいないですし、悠長でムダな政治と言わざるを得ません。また野党の中には、意図的に可決成立を遅らせるための時間稼ぎをする輩もいるのですから、もはやそれは犯罪に近いです。

以前、池上彰さんが独裁政治でも国民が幸せな国、トルクメニスタンを番組で題材にしていました。

トルクメニスタンは、現在の二代目の大統領ベルディムハメドフ氏になってからは、国の政策を大きく変え、光熱費や医療費、そして大学までの学費を国が負担して、国民にいっさいの費用がかからないようにしています。そればかりでなく、8人以上の大家族は高級なマンションを与えられ、優雅な暮らしをしているようです。このように政策を実施し、国を豊かな方向へと導いていけるのは、大統領が利他のこころを持って国民に接し、国を治めているからです。独裁国家ゆえに、厳しい言論統制はあるものの、「この国に直すべきところは何もない。ここは世界一の街なんだから。尊敬する大統領さまの健康をこころから祈っている」と、大人から子供まで、大統領への感謝はやまないそうです。なんでも国の予算から、補助や助成で至り尽くせりにすることが、国民にとって果たして本当にためになるか否かは分かりません。なぜなら、勤勉・勤労意欲の欠如にもつながりかねないからです。

しかしながら、このベルディムハメドフ大統領は、少なくとも資本・利益の分散という、いわば「分かち合い」を行っている点においては、「利他」といえると思うのです。日本の政治家さん、どこか羨ましくないですか？　独裁国家でも、利他のこころがあれば、ここまで国民に感謝されるのです。

外国に目を向けたついでに、もうひとつ日本政治の幼稚な悪習慣の見直しについて、ぜひ断じておきたいと思います。

つい先日、岸田文雄自民党政調会長の講演を拝聴した時のお話です。

岸田政調会長が外務大臣の時代に、諸外国の外交遊説先で、フランス外務・国際開発大臣や、イギリス外務・英連邦大臣らと雑談している中で、日本の外務大臣としての年間国会拘束日数は150日と多く、なかなか外遊・外交の日程が組めないのだという話をしたら、二人に大変驚かれ、フランスもイギリスも、外務大臣としての拘束日数は、せいぜい13日〜15日くらいだと聞かされて、岸田さんも驚いたと話されていました。「このままでは日本は、満足のいく外交はできないな」と、率直に思ったそうです。

十倍とは、いくらなんでも尋常ではないと思いませんか？　このような差と申しますか現象は、どうして生まれるのでしょうか？　さすがに岸田さんもお立場上、何もおっしゃいませんでしたが、かなり苦笑いをしていたところからお察しするに、恐らく野党の嫌がらせにも似たものが伝統的にあるのでしょう。

特に、外交で会議を欠席しようものなら、「国民の生活に関わることなのに、軽く見て欠席した」などと大げさに吹聴されることが簡単に予想されます。そうすると選挙の票が減り、政治生命が絶たれかねないので、野党に出ろと言われれば、出席せざるを得ないのでしょう。

けれども実情は果たして、大臣が外交をおろそかにし、中止にしてまで出席が必要な会議なのでしょうか？　そのような時のために、優秀な政務次官や事務次官がきちんと存在しているのに、全くバカげた話ですよね。きっと現状のままでは、もし与野党が逆転してもこの足の引っ張り合いは続くのでしょうか？　これもひとつの税金の無駄遣いです。

そして僕は思うのです。北朝鮮による拉致被害者問題、北方領土返還・竹島・尖閣諸島の領土問題、これらが半世紀にも渡り、いっこうに進捗しないのは、１５０日にもおよぶ外務大臣の拘束による外交不足が遠因だと思うのですが間違いでしょうか？

メディアは決して映してはくれませんが、拉致被害者家族のこころの痛みと悲しみはとても深く、慟哭し、そして泣き疲れて、今は涙も枯れてしまっているのではないでしょうか？　なぜなら、今の国に任せていたら、「今生の別れ」の覚悟をしなければならないからです。人間にとって、家族や愛する人と、予期せぬことで生き別れたまま、今生の別れを迎えるほどつらいものはないはずです。ですから、そのようなことは決してさせてはなりません。

政治家の皆さんは、彼らの「こころの中の慟哭」にもっと耳を傾けるべきではないでしょうか？　次官級に任せていればよい会議のために、外交に支障をきたすほど外務大臣を拘束して、足を引っ張り合っている政治家達は、もう「マヌケ」としか言いようがありません。拉致被害者家族もきっとそう思っていることでしょう。そんな会議に出る暇があるんだったら、北朝鮮に行けばいいのです。それこそ神社の「お百度参り」のように、何度も何度も「返してほしい」と家族の熱意を伝えにいくのです。不可能と思われるものを可能とする、「山を動かす」ということは、このような「不屈」の精神に基づく行動を指すのではないでしょうか？

ちなみに、首相でさえ、年間拘束日数は127日にも及ぶそうです。こんな状況で、満足のいく遊説のための外交など、できるはずがありません。「外交」「遊説」などと聞くと、旅行に行くとか、遊びに行くとか、何かいけないことだと思っているのでしょうか？　でも「ビジネス」とは、そういうものなのです。ＡＩ搭載のロボットといった「人間もどき」には、決してマネのできない仕事をしてくるのです。それは相手国の要人らと、「食事をする」ことです。晩餐や会食は、人間の本能の部分をお互いにさらけ出すことであり、そのようにして「信頼や絆」を得ていくものです。我が国の首相が訪中や訪韓をした時に、向こうが会食の予定を組まなかったことに鑑みれば、一目瞭然ですよね？

「森友学園問題」にしても同じことが言えます。野党は国民や正義のために、「不正を正す」とかもっともらしいことを言っていますが、真の目的はそこにはありません。一番の目的は、「憲法改正」や野党が反対する重要案件の制定を時間稼ぎをしてできるだけ遅らせ、足を引っ張ることです。常套手段ですよね。

そもそもこのような検証は、いちいち国会の審議という貴重な時間を割いて行われるべきものではなく、第三者機関による調査か、法に触れるのであれば、検察や警察の捜査に任せておけばいいのです。

国会はそれと並行して滞ることのないように審議を遂行していくべきです。僕は偏ったメディアの世論調査を、全く信用できずにいますが、国民の皆さんの多くは正直なところ、与党・野党の支持者を問わず、「もう、いいかげんにして、日本の未来のための重要な案件の審議をもっと進めてほしい」と思っているのではないでしょうか？

2. CIAもまっ青《つぁお》⁉ 永田町の諜報（揚げ足取り）機関とは？

また、足を引っ張り合う幼稚な政治家達の所業について、もうひとつ述べたいと思います。そして今後、良好で可及的速やかな国会運営となる、アドバイスをしたいと思います。

いつも国会を見ていて思うのが、人の失敗や悪いこと、さらには不正などが周知されるスピードが恐ろしく速く、最短だとわずか一日か二日で広まることです。

まあ、国民を代表する立場上、法を犯すような不正があれば、もちろん正されるべきことに違いはないのですが、僕が不思議でならないのが、良いことや、法案や政策で国や国民に寄与する功績を残したことは、周知されないどころか、メディアからもあまり伝わってこないことです。

よほどの国会中継好きで、頻繁に見ている人じゃないと、分からない人が多いのではないでしょうか？　良いことをなるべく国民に伝わらないように工作しているとしか思えないほど、政治家のスキャンダルばかりを放送しています。皆さんもそうお感じになられたことがあるでしょうか？　ひどい場合だと、任期中や現役の頃はまるで伝わらなくて、引退したあとに、政治特番などの番組の中で、「現役中は……などの功績がありました」なんて、まるで「物故者」

のような扱いで、紹介されたりしていますよね？　国家に影響力があるうちは功績を伝えず、引退して影響力がなくなると伝えているかのようです。

これがもし、人を貶めるための足を引っ張る行為であるとするならば、その所業は小学生以下といっていいでしょう。小学生だって、ふつうは親や教師に、「人の悪口を言ってはいけません。お友達が良いことをしたら褒めてあげ、自分も見習う素直なこころを持ちましょう」と教えられ、学んでいるのです。

しかも、その「揚げ足取り諜報機関」なるものが、各党に設置してあるのでは？　と疑いたくなるような情報の速さと、周知の狡猾さがあります。たぶん、それと近いものが存在するのではないでしょうか？　現代風に言えば「リークする」、さらに砕けた言い方なら、「メディアにチクる」のです。

でも、そんなことにアンテナを張る体力と頭があるのなら、もっと違うことに使えばいいのにと思ってしまいます。

そろそろ、こういうこともやめにしませんか？　足の引っ張り合いが、ネガティブシンキングを生み、国の政策の遅れに繋がっていくのです。

「出る杭は打たれるし、いつ揚げ足を取られるか分からないから、なるべく目立たないように、静かにしておく」

いつしかそのような行動が習慣となり、任期中は波風を立てないようにと、ひとつも議案の上程もせずに、静かに任期満了を迎える、今のままでは、このような代議士が増えていくだけではないでしょうか？

これからはもっと、活発な代議士達の政治活動の功績を伝えてみてはいかがでしょうか？それは、国会中継だけに留まらず、ニュース番組や特番でも、なるべく多くの国民に周知するのです。

たとえば、国の問題を上げ、それに対する新しい議案の上程者がいれば報告し、それが国会審議を通って法案化したらさらに経過を報告するのです。そして、のちに立法制定となったら、その政策がどれだけ国民や、国の予算に寄与できたか、功績をなるべく早く国民に伝え、国会でも称えることです。

このように、国民に政治家としての活躍が周知され、政策がリアルタイムに感謝されると、代議士達も俄然ポジティブになり、「よーし、いつかは僕（私）だって……」と、法案、立法の制定が進んでいくのではないでしょうか？

皆さんの地元の代議士達が、総選挙のためにお膝元に帰郷した時、きつく叱ってみてはいかがですか？　選対本部長などに身を置かれている地元の重鎮さんに、「テレビで国会中継を見ているが、あんなくだらない足の引っ張り合いのためにお前を国会に送っているのではない！この国の未来をお前に託したのだ！」こうきつく叱ってもらうのです。

国民が一丸となって声を上げることにより、今の日本の悪癖だらけの国会が良い方向に動くと、僕はそんな気がしてならないのです。と同時に、「森友学園問題が決着しない限りは、国会審議にはいっさい応じない」と、バカなことを言っている野党議員も、我々国民が投票し、輩出してしまったことを忘れてはなりません。こんなことを言っている輩は、もはや政治家ではありません。即刻辞めるべきです。

3. 優秀な政治家と愛国心と……そして道州制（削減）へ

ちゃんと仕事をしない国会議員とは対照的に、政治家の鏡的な人もいるので、紹介しておきます。それは、植松恵美子さんです。

２０１３年、植松元参議院議員は、伝説の予算委員会で「今後はですね、日本の政治は将来の発展のためにあるのなら、与野党が足を引っ張り合ったってしょうがない」といった主旨の発言を、野党の立場でしました。僕は、将来の日本初の「女性首相」候補の一人として、ぜひ彼女を推薦したいと申し上げておきます。

話を選挙資格に戻しますが、もうひとつ、忘れてはならないとても大事な要素があります。それは「愛国心」です。

日本は、自国を慈しまない国民が多い、先進国の中でも特異な国で、それは戦後のＧＨＱによる、ＷＧＩＰ工作に要因があると先述しました。

しかし最近の日本の世の中を広く見渡すと、どうやら工作の影響の有無に関係なく、国を慈しまない日本人が独り歩きをしているように思えてなりません。

僕は「愛国心」、すなわち国を慈しむこころに、いわゆる右傾・左傾は関係ないと思っています。ですから、法案や制度成立までの与野党の激しい議論も、まずは政治家達すべての人に自国を慈しむこころがあることが前提であり、必要だと思うのです。

なぜなら、慈しむこころもなく、国を貶めようとしている人に、国家や国民のために大切で必要な制度や法案を話し合えるはずなどないからです。

僕は、愛国心のない人が本当に不思議でならないのです。そんなにこの国が嫌いで、日本の公文書や古文書に基づいた史実の言い分より、証拠もないのに日本を責め立てる「恩知らず」の東南アジアのどこかの国に謝り続けろと言うのなら、どこかよその国の国民になって移住すればいいのにと思います。その自由があるのに、なぜそうしないのでしょうか？　皆さんはどのようにお思いですか？

また、世間一般に、政治に対してもっともらしく言われていることがあります。それは、「国会は、安定した与党と、強い野党がいることにより、一党独裁のゆきすぎた法案を抑制できて、健全と言える」と、どこかで聞いてきたような、一見道理にかなっているような言い分です。

しかし僕は、全くそんなことはないと思っています。

なぜなら、最善を尽くす道とは、結局はひとつしかないと思っているからであり、それならば、早く決めるほうが極めて国や国民のためになるからです。もちろん今、僕が述べたことは、与党に国と国民を慈しみ、利他のこころがあるというのが前提になります。「なんでも反対党」的な野党の揚げ足取りとも言える意見は、百歩譲って、最善の道を模索したつもりでも、そこに国や国民を慈しむこころや利他のこころがなかったら、結局は遠回りであることがほとんどであると言わざるを得ません。

最悪の場合、最善にもたどり着かず、10年、20年、そして半世紀と、ただいたずらに時が流れていくだけです。橋本氏が、がまんにがまんを重ねて、ついに抑えきれず「独裁」という言葉を使ってしまった所以がここにあります。

話は少しそれますが、先にも触れたように、2007年～2013年に参議院議員として活動した、植松恵美子という人がいます。彼女は「今後、日本の政治は、発展するためであれば、与野党がお互い批判をして、足を引っ張り合ったってしょうがないと思っています。私達は政治家なんだから、やっぱり、国の発展のために良い政策や法案があるのなら、過去の政権(与野党)にこだわらず、いいものは引き継いでいってもらいたい。そのためなら私は協力を惜しみません」というような内容の発言をしました。国会の予算委員会の一般質問の間に、自民党と安倍首相に対して、アベノミクスを賛辞したあとに述べた自らの政治姿勢の宣誓です。これが、麻生大臣と安倍首相を、「本物の政治家であり、これぞ野党。良いお手本です」と称賛させた、２０１３年度の「伝説の予算委員会」です。

素晴らしいの一語に尽きます。政治家の鏡のような人であり、利他のこころに溢れそれが滲みでているかのように優しい面立ちをした、とても美しい女性です。

質問は、程度の低いそこら辺の野党議員の揚げ足取りとは違います。明らかに一線を画していて、日本の未来を憂いているとても内容のある素晴らしいものでした。

その予算委員会のあと、彼女は民主党を離党し、次期の選挙を無所属で出馬しましたが、落選してしまい参議院は退きました。しかし、２０１５年から２０１７年９月まで、香川県三木町の副町長に就任し、地方政治家として活躍しました。

その後、２０１７年10月22日に衆院解散総選挙が行われ、東京都から希望の党公認で出馬しましたが、またしても落選してしまいました。

なぜ、地元の香川から出馬しなかったのか、はなはだ疑問ですが、本当に政治家に向いている人格者が、当選できないこの国の欠陥的選挙制度の典型的な事例といえ、なるべく早期に、選挙制度の見直しを行うべきだと思います。

余談ですが、もし、僕がこの項で提案した選挙制度で、この衆院選を行ったとしたら、間違いなく彼女は当選していたことでしょう。

このような実例からも分かるように、僕が述べている本物の政治家を世に問う選挙の重要さは、植松恵美子さんが落選した選挙を例にとってみても一目瞭然です。心から、真摯に日本の未来を考えている、政治家志望者を選べない有権者がいかに多いかが、よくわかります。私達は、政治家として有能で素晴らしい人柄の彼女を、レベルの低い一部の国会議員達の形骸といっしょに埋もれさせてしまいました。彼女の敗北は、どん底とも言える厳しい状況です。一度埋もれさせてしまうと、また掘り出す時に大変なのです。

２０１８年現在、次期参議院選挙は、２０１９年です。この時こそ、植松恵美子さんには与党の推薦で立候補していただき、未来の総理大臣候補として、政界を歩んでいってほしいものです。

僕は、日本初の女性首相は、小池百合子都知事でもない、稲田朋美代議士でもない、植松恵美子さんと衆議院議員の杉田水脈《みお》さん以外に適任者はいないと思います。

以上のように、政治家志望の人も、その人達を選ぶ有権者も、有資格者としての試験というよりは、「適性検査」なるものを受ける選挙制度の設立を提案してみました。

またこの制度は、いずれ日本の将来に必要になってくる「道州制」の制度にも適した選挙方法とも言えます。

なぜなら、日本の人口減少と共に、政治家の議席数も大幅な削減が必要となるからです。

道州制とは、分かりやすく言うと、明治時代の「廃藩置県」的に表現すると、「廃県置州」ということになり、すなわち、現行の47都道府県を廃止にして、一道十州に置き換える制度です。

この制度の目的とは、まずひとつに、人口減少による地方のさらなる過疎化の抑止です。

もうひとつには、州ごとに独立採算にして、東京の中央集権から地方分散都市型への移行を促進し、東京の人口一極集中を阻止することです。

賛否両論がありますが、僕は賛成派です。

この制度へ移行した時に、国がどの程度政治家の議席数を縮小するのかは分かりませんが、僭越ながら各州の合併した県の総議席数を県数で割るという、誠に短絡的で単純な計算式に当てはめると、ざっとですが確実に四分の一に縮小できる計算になります。これは、将来日本が必ず抱える問題に大きく貢献できます。それは人口の減少、すなわち、コアの減少による国力が衰退した結果で起きる国家予算逼迫の抑止です。

この問題を抱えている限り、定数削減は避けて通れないでしょう。

この定数削減も、かなり以前から議論され、試みようとしてきましたが、なしのつぶてで、わずかずつの削減はしているものの、大幅な削減はなかなか進みません。なぜでしょうか？

それは、皆さんもすでにご察しのとおり、議員さんが職を失うという死活問題に直面するからです。

自分で自分の首を締めるような問題で、話が前に進まない……これに関して僕は、いささか仕方ないのかなと思って同情してしまいます。しかしながら、進めていかねばならない問題ならば、落選して定数から漏れた議員さん達の救済処置をあらかじめ制定しておくのはいかがでしょうか？　たとえば、中間管理職以上の地方公務員や市の職員といった職務を保証するような処置や制度をです。

いつも政治家達を冷静に厳しく見ている方達には、多少「甘い」と思われるかもしれませんが、削減が前に進まない以上は、このくらいの保証や譲歩は認めてあげるべきです。

そして、現在の国家の統治権である、立法・司法・行政の三権を、今までどおり国家の統治とするか、州によって独立の異なる統治とするか、物議を醸しそうですが、個人的には、アメリカのように各州の州立の統治にすべきだと思います。

州立と言うと、今の日本の国家統治とかけ離れたイメージをお持ちになられると思いますが、現在の各地方自治体による条令の制定から一歩踏み込んだものと解釈していただくと、分かりやすいと思います。

なぜ独立の統治が良いかと言うと、二つ理由があります。

ひとつには、47都道府県、それぞれの歴史的背景や、考え方の個性があり、国としての指針を統一させることに無理が生じることです。ただでさえ、一部のレベルの低い野党議員が、代替え案を持たずに時間稼ぎだけしていたら、法治国家は法の制定に半世紀も一世紀もかかり、朽ちてしまうと僕は考えるからです。そのような事由が重なれば、もはや気の遠くなるような時間の無駄遣いです。このような国会の仕組みの時代を一緒に生きねばならない国民は、ある意味不幸です。何しろ法案の成立に、自分の寿命よりも長い歳月がかかるのですから。

もうひとつは、法律に対しての勤勉意欲の向上です。

これは、僕自身も多いに反省すべき点なのですが、興味がないからといって勉強をしなさすぎですよね。でも各州の立法により、州をまたぐたびに法律が変われば、嫌でも学習をしておかなければ、時として法律違反をしてしまい、罪を問われることになります。だからこそ普段から、勉強をしておく必要性が生じるわけです。

いまだに賛否両論があるものの、着実に政府は道州制に向けた準備を進めているようです。果たしてどうなることやら。お手並み拝見といったところでしょうか？

人間は不平等

1．不平等を他人のせいにするから、甘える権利ばかり主張する幼稚な考え方はやめましょう

人間は、オギャーと生まれた瞬間から不平等を被ると今までは思っていましたが、最近それが間違いであることに気づきました。実はそれよりも早く、おなかの中で受精をした瞬間から始まっていると思うのが正しいのです。なぜなら、どのような親の間から生まれ、どのような境遇におかれるか、自分で選ぶことが出来ないからにほかなりません。したがって、それらを自分の運命と受け入れて生きていくしかないのです。

僕が曽野綾子先生、櫻井よしこ先生に続いて、もう一人ぜひ紹介したい日本の大和撫子（女傑）がいらっしゃいます。衆議院議員の杉田水脈さんです。この人も、利他のこころが滲み出たかのような、大変美しい女性ですが、顔に似合わず度胸があるというか、勇猛果敢で一本筋

が通っています。

無論、２０１４年の選挙で落選してしまったあとのことですが、なんせ敵陣の会合や大会に単身で潜入し、相手に否定的な質問を浴びせて、大勢の厳しい視線を一身に受ける荒業をこなし、日本を貶める団体の正体や報告のために身体を張ってリポートする人です。その行動力と度胸は、代議士に相応しいものであって、別項で紹介した香川県三木町の植松恵美子元副町長とはまた違ったタイプですが、将来「初女性首相」の座を競ってほしい女傑のひとりです。２０１７年の衆議院解散総選挙が行われ、比例代表で無事再選を果たしました。今後のご活躍に期待したいところです。

ところが杉田さんは今、逆境に立たされています。それはＬＧＢＴ、いわゆるレズビアン、ゲイ、バイセクシャル、トランスジェンダーに対して、子供をつくれないからという意味合いで、「非生産性」と発言したことです。

たしかに、言葉は乱暴だったかもしれません。しかし、それでも僕は断然、杉田さんの擁護派です。なぜなら、杉田さんの言葉には、やはり「偽善」がないからです。それよりも僕は、「人権無視！　けしからん発言だ」と、こころにもあるかないか甚だ疑問な、票取りと人気稼ぎのために発言していそうな政治家のほうが、偽善このうえないと思います。

このたびの杉田さんの発言に対し、「やれ差別だ」「やれ人権無視だ」とおっしゃっている皆さんに言っておきますが、この世にまだ生を授かっていない、これから生まれてくる子供達にも人権があることをご存じでしょうか？「子供は人類の父である」すなわち、未来の人類の父であるという意味です。だからキリスト教では、原則として、堕胎は言語道断で、オナニーや避妊も禁止しているのです。

また宇宙の中に地球を創り、生命を創ってくださったサムシング・グレートの神々に対して、「子孫繁栄」に努めることは「誓い」なのです。そうです、人類も含めて地球上のすべての生物が、神々から授かった生命を途切れることのないように育み続ける誓いです。そして僕自身も、そのことに対して、すごく負い目を感じながら生きている一人です。

僕は、学生の頃から子供好きだったし、将来は、子供を四人儲けるのが夢でした。ところが、子供をつくりにくい体質が発覚し、結局一男しか儲けることができませんでした。故に、この現代の少子高齢化の深刻な状況に、一人しか協力できずにいて、本当に残念で残念で仕方なく、神々に対して、いつも心苦しいのです。

「子供をつくる・つくらないは、その人の自由だ」なんて、どこかで聞いたようなもっともらしいことを言う人もいますが、そんなに簡単に言う問題ではないのです。そのようなことを言う人は、たいてい、自分達が生きている時代が良ければそれでよいという自己中な考え方そのものではないでしょうか？　ならば、自分の親族の子孫は無論のこと、地球上に住むすべての子孫の近未来、さらには遥か遠い未来を、いったいどのように考えているのでしょうか？　利他のこころで想像すれば、分かるはずです。

「子供をつくらないはその人の自由」と言ったり、「自分がつくらなくても、誰かがつくる」といった考え方の人が増大すれば、いずれ人類は滅びるのです。そして、何よりも哀れでかわいそうなのは、その途上で人類がどんどん減少していく地球で生活していかねばならない我々の子孫が、大飢饉による飢えや孤独に耐え、さらにこのうえなく荒廃したひどい治安の世の中で、過酷な人生を送らなければならないということです。

だからこそ、決してそのような事態が起きぬよう、神々から与えられた生命に子孫繁栄を誓い、その生命が決して途切れることのないように育み続けなければならないのです。なんせ、地球の寿命はあと約46億年もあるのです。

ですから、杉田水脈さんが発言した「非生産性」という言葉の意味は、人類にとって良くも悪くも大きいのです。

ＬＧＢＴの方々の中には、「差別反対、一般の異性愛者とすべて平等にすべきだ」と主張する人もいますが、前述した理由により、何がなんでも平等というわけにはいかず、受胎・分娩がノーマルな人が何よりも優先されてしまう世の中を受け入れて生きていくほかはないと、僕は思います。

また、僕の人生の中でも、同性愛者の友人や知人がいますが、いずれの方々も、「平等でないのは当然のなりゆきで、覚悟している。忍んで生きていきたい」という穏やかな気持ちでいます。僕はその言葉を聞いて、同性愛も異性愛も、「忍」のこころが何より大切なのだと思いました。

ただし、どんな形にせよ、子供を儲けるという意思のあるＬＧＢＴの方々に対しては、しっかりとした国からの補助や助成制度の設立に向けて努力することは言うまでもありません。

2．生活保護費でパチンコ？　それでいいの？
我慢をしている零細企業の社長さんの立場は？（歪んだ日本の社会の背景とは？）

杉田さんが以前、インターネットの産経ニュースで、「杉田水脈の撫子リポート15」として、日本の貧困についてリポートを報告しました。

それによると、日本の本当に深刻な貧困層というのは、なかなか表には現れにくいのだと言っています。なぜなら、学校にすら行けない子も多く、行政マンや専門家が必死で地域を歩いて探しても見つけられないことが多いからだそうです。

逆に杉田さんが懸念する問題は、ＮＨＫが特集した「貧困女子高生」を自称する、最近の日本の女子高生達の誤った貧困の考え方だと主張しています。

彼女らは、「貧困かどうかは自分達で決める」と言います。趣味にどれだけお金を使おうが、豪華なランチを食べようが、「そんなの貧困じゃない」と他人に言われたくないらしいのです。「貧困かどうかは自分が決める」。つまり「絶対的貧困」ではなく、「相対的貧困」を訴えているのです。「友達がブランド物のバッグを持っているのに自分は買えない。だから貧困。なんとかして！」というわけです。これは生活保護受給者がパチンコに興じることが是か非かという問題と通じるものがあります……云々、という内容のリポートでした。

呆れてものが言えません。生活保護受給者の方々には、たしかに同情の余地があり、救いの手を差し出すべきものだと思います。しかし、権利、権利と権利ばかり主張する、人権派を気取ったどこかの弁護士会の皆さん、法律に禁じる規定がないから、受給者にギャンブルを認めろとおっしゃいますが、これだけは言わせてもらいたいので、よく頭に叩き込んでおいてください。

そのギャンブルに使われるのは、さまざまな方々が支払った税金です。もちろん、大企業で年収一億円以上の給料をとる、裕福な取締役の方々や経営者もいます。しかしそれらとは逆に、零細企業の名ばかりの社長で、大手企業の平社員の給料にも満たない年収の方もいます。それこそやりたいパチンコも我慢して、自社の従業員の生活のために一生懸命働いて、社員の給料を捻出している社長さんもいるのです。

しかも、企業にかかる消費税は、赤字決算でも容赦なく降りかかります。あなた方はその現実が分かっていない。零細企業とはいえ、税金を納めている社長さんが、爪に火を灯すような節約をしてパチンコを我慢しているのに、生活保護受給者が税金でパチンコをするなんて、どこかおかしくないですか？　間違っていませんか？

僕も零細企業経営者であるので、そんな苦労をしている社長さんをたくさん見てきているのです。そんな実直でささやかなタックスペイヤーを、あなた方のうぬぼれた正義感や、間違った人権の考え方で、どうか巻き込まないでいただきたい。それでもなお、受給者にパチンコをさせたいのなら、おそらくほとんどの弁護士先生方は、日本人の平均給与所得以上の収入は十分にもらっているはずなので、ボランティア活動をして、あなた達の給料から、パチンコ代を賄ってあげればいいのです。それなら誰も文句を言うことなく、スッキリ問題の解決になります。

僕は何も、生活保護受給者が娯楽やレクリエーションに興じてはならないと言っているわけではありません。けれどもパチンコは、それとは異質なものではないかと思います。たとえば受給者が、パートなり、内職なりの仕事をなんとか得て、その合い間の休みの日に、ささやかながらお弁当を持って公園へピクニックに行くことをしても、誰も文句を言う人はいないと思うのですが、いかがでしょうか？

3．人は働いて（自立して）こそ、人生の幸福感を得るもの……それは人間の「本能」とも言える

そして何よりもまず、生活保護受給者の方々には一日も早く、職場を与えてあげることが大切だと思うのです。自分の足でしっかりと立たせて（自立させて）あげることです。

国内の企業は現在、デフレで苦しみながらも内需が好調で、人手不足なので猫の手も借りたい業界もあります。建設・建築業などがこれに該当します。

国や私達ができることは、企業経営者の方々などに、人材採用の窓口をもっと広く開放して社会貢献をしていただけるような政策や、そのための会社法人の助成制度の確立などを考えていくべきではないでしょうか？

今でも多少の優遇措置がありますが、さらに増やして雇用促進を促すべきで、経済弱者にダイレクトに生活費を支給するより、そのような税金の使い方をするべきだと僕は思います。

人はやはり、働くことで幸福感を得るものです。なぜなら、そのほうがご飯をおいしく食べられるからです。生活保護受給者の方々の多くは、間違いなくそれを望んでいるはずです。職業をきちんと持って、一日しっかり働いて、適度な疲労感を感じて家に帰ってする食事は、なんとも言えない「至福」を感じるものであり、何もしないでありつく食事では絶対に味わうこ

とができない領域です。

僕も学生の頃、親からもらった小遣いでする食事より、ヘトヘトになって働いたバイトの帰りに、友達と待ち合わせて、その日に出た給料でする食事のほうがおいしいなと感じたことがあります。

また企業側も、社員がこのささやかな食事の時間を持てるように、企業努力をしていくべきなのは言うまでもありません。残業時間を含めて9時間の就業を遵守し、自宅でおいしい御夕飯を食べられるように労働環境を整えるべきです。

ほぼ毎日のように、やれ、残業で9時だの10時だといっている企業は、ダラダラ仕事をしている悪癖の習慣が常態化していることがほとんどです。このような企業の場合、デフレスパイラルのように負の連鎖を起こしているのです。

人は残業続きで、ほとんど自宅でまたは家族と御夕飯が取れていないと、こころが疲弊し、作業効率が下がります。すると仕事の納期遅れが生じ、また新たな非合理な残業を生み、以後同じことを繰り返している負のスパイラルです。

弊社ではほぼ毎日、定時にはきちんと退社させています。その甲斐もあって、職場はいつも笑顔が絶えません。

話は逸れましたが、前述した長時間の残業と同じように、せっかく働くことを志した人の勤労意欲の根幹を、覆して奪ってしまうような不必要な人権や、その政策や保護を受ける権利を指南して煽り、主張させすぎるのも、時には偽善だったり、結果的にそうなったりします。なぜなら、それは現実的に言って、当事者のためにならないことが多いからです。それが、勤労・勤勉意欲を喪失させる、国の「過剰」な保護や物資の支給であるのです。政府は建て前ではなく、もっと人間のこころの本質を慮れるような政策を考え、見直していくべきです。

本来、国が経済弱者や天災被害者を「保護する目的」とは、どのようなものであるべきかと言うと、食べるに困らないだけの三度の食事を配給することでも、当面の生活に困らないだけの生活補助金をいいと言うまで、支給し続けることでもありません。それは間違いです。本当に必要なこととは、やはり一日も早く自立できるように支援してあげることに尽きると思うのですが、いかがでしょうか？　無論、身寄りのないご老人や、身体が不自由で働きたくとも働けない人は当然省かれて、生活保護や再建支援金を受けるべきは言うまでもありません。

ですが、健常者の方達ならば、一時的な支援金を支給しながらも、一日も早い職業の斡旋はするべきです。それは、トルクメニスタンの政治について触れたように、国が国民になんでも保護や物資的支援をしてあげることが、勤労・勤勉意欲の欠如になりかねないので、決してためになることではないと申し上げたとおりです。しかしながら、現在の日本がまさしくそのような状況になっていると言えます。それを象徴する現実をこれからお話しします。

僕の地元には、数十年来のお付き合いをさせていただいている県議会議員さんが何人かいます。彼ら県議会議員は、横のつながりがあるからなのでしょうか、全国の各県の情報に驚くほど長けている時があり、地方問題の話をいろいろと聞かせていただけて、大変勉強になります。その話の中で、東日本大震災の被災県の事情を伺ったことがありました。

それによると、家も職場も津波に流され、仮設住宅で無職（無収入）の家庭には、被災者生活再建支援金なるものが支給されます。支援金の支給期間の身上審査が曖昧なのか、あるいは支給の打ち切り反対論者の声もあってか、支給期限を6回延長し、延々と7年も支給が続くそうです。震災から6年間、国はいったい何をしていたのでしょうか？　そしてその結果、どのような事態を招いているのか？

それはあまりに長く、手厚い支援と保護で、もちろんすべての人がそうではありませんが、働かなくても贅沢しなければ生活していける状況にすっかり心身が染まって、勤労・勤勉の意欲が欠如してしまい、いまだ職を探さない人がけっこういるようなのです。

さらに掘り下げて話を聞くと、もちろん一部の人達に限られたことなのでしょうが、無職で何もすることがない虚しさからか、昼からパチンコに興じて、お酒を呷る人も少なくなく、皮肉なことに、仙台市内の飲食店やスナックは、ちょっとしたバブルらしいというお話をされていました。

でもこれは、決して悪口を言っているわけではありませんから、どうか誤解のないようにお願いします。本人達は決して悪くありません。「こんな私達に誰がした？」そうです。悪いのはろくに就職の斡旋もせずに、長期にわたり、過剰に保護をし続けた国（政府）が悪いのです。しかも一部の政治家の中には、わざわざ、被災した家にまで押しかけていって、どのように申請すれば、たくさんお金をもらえるかとか、ほかにもこのような方法で、国からお金を絞り取れるとか、悪知恵を指南する政治家もいるというから、もはやそれは「偽善者」以外の何者でもありません。相当に人気のない党の議員で、「票かせぎ」のためにやっているのだと聞きました。これは、衆議院議員の杉田水脈さんの著書でも触れています。

このような生々しい社会の現実を、メディアは一切取り上げてくれません。いいことばかりや美談の放送で、国民にごまかすばかりです。こんなことばかりやっているから、国は幼稚化し、成長しないのです。なので、市議会・県議会議員さんの横の情報源は誠に勉強になります。読者の皆さんも、メディアでは絶対に得られない情報源をひとつ持っておくと良いかもしれませんね。

以上、納税者と、この本が述べるところの「大人の日本人」の方々を代表して言わせていただきました。

4．今の日本に世界的基準の貧困はいない？（なぜ貧困に世界的基準が必要なのか？　相対的貧困の考え方があってはならない理由とは）

貧困女子高生の話に戻ります。

曽野綾子先生のご著書の中で、世界的基準の「貧困」について、次のようなことを述べていましたので、僕なりにまとめてみました。

「貧困とは、一日に一食ありつけるか否かの瀬戸際に位置し、寝に帰る家はあってもバラック小屋で、雨が降れば、布団がびしょびしょに濡れるほどの雨漏りを覚悟して寝入らねばならない」と、このようなことを言っていました。

果たして日本に、この世界的基準な貧困層は存在するのかと言えば、僕はいないと思います。なぜなら、一日に一食以上は、たとえどんなに粗末な献立ではあっても、必ずありつける保護やNGO団体のボランティアがあるからです。曽野綾子先生は、そのことだけでも、世界の貧困層から見れば、「おおご馳走」であるとしたうえで、「日本は本当にそのような保護政策によりおおよそであるが、よその国より遥かに恵まれている。そのことは日本人としてぜひ、理解しておかねばならないこと」という内容でした。僕も全く同感です。

曽野綾子先生は、ジャーナリストでもあられるので、今までにも数十か国を訪れています。

そしてご自身が経験したうえで原稿を書き、御著書を出されるのですが、その中で印象的だったお話があります。先生は、聖心女子大御出身のクリスチャンで１９７２年にＪＯＭＡＳ（海外邦人宣教者活動援助後援会）を始め、２０１５年5月まで代表を務めていたため、その御立場上、世界各国の教会に行ったり、そこの修道女達と交流したり、あるいはボランティアをするそうなのですが、ある発展途上国の貧しい教会を訪れた時のお話です。

先生が持参した、カップ麺（おおご馳走）を食べ終わったところを向こうの修道女が見付けるや否や、申し訳なさそうに話しかけてきたそうです。何事かと思ったら、「食べ終わったそのカップ麺の容器をもし、いらなかったら譲ってほしい」と言ってきたので、先生が何に使うのかと聞いてみたそうです。

すると、その教会の修道女達も貧しい生活なのですが、その国は不衛生で女が生きていく上でもとても過酷な環境を強いるそうです。それは、極端な生活水不足で、旅行者であり、あくまでその国のお客である先生には、お風呂の代わりにバケツ一杯ほどの水が与えられ、それで頭を洗ったり、身体を拭くそうです。

しかし、その国で生きる修道女達の環境はさらに厳しく、バケツ一杯の水を数人で分け合うため、一人あたりコップ一、二杯にしかならないと先生は言います。

無論、飲み水は買わなければないので、生活水を一度煮沸してから飲み水にすることが多いそうです。このような状況なので水を保存しておくのに、カップ麺の空容器が、大変重宝するのだと言うのです。僕はその手記を読んで泣きました。

はたしてこの日本で、もっとも低い位置に身を置いている（日本がいう貧困層）の中で、食べ終わったカップ麺の容器を重宝するからといって、大事にとっておく人がどれだけいるのでしょうか？　僕はほとんどいないと思います。すなわち、日本でもっとも貧しい層でさえ、そこまでの生活困窮者はいないと言うことです。おそらく食べ終わったら、なんのためらいもなく捨てるでしょう。それだけ世界基準の貧困層は、日本人が考えている以上に、非常に厳しいものだということを僕はここで述べたいのです。

日本はたしかに貧しいホームレスの方々がいますが、飲食店の残飯で、近年は糖尿病が増加、天涯孤独で自由気ままな生活が好きで、自らそのような生活をしている人も少なくないという事実、ＮＧＯなどの定期的な炊き出しを受けているというような現状を見れば、世界的基準の貧困とは比較のしようがありません。

僕は、貧困層の基準は、世界統一に考えることが大切と今まで考えてきました。豊かな先進国の中で、「貧富の格差が大きい社会でもっとも低い層は貧困だ」と言うのは、あくまで先進国の考え方であると思います。ならば、新興国にも満たない、発展途上国の貧困や、紛争地域の貧困にあえぐ難民達をいったいなんと呼べばいいのか？　まさか、「発展途上国の貧困と、先進国の貧困は、水準が違いすぎて比べられないよ」とでも言うのでしょうか？　それは先進国の驕りで、国の差別であり、人種差別と似たような考え方であると思います。だから曽野綾子先生のご著書に、「世界的基準の貧困とは……」というような文面を見つけた時、僕は目からウロコというか、溜飲が下がる思いになり、また触発されて今この本を書いています。

世界的に見ても水準の高い保護政策を当たり前のように考えてしまい、世界でも恵まれていることに気が付かないから、感謝ができない。しかもそれに慣れてしまうと不足に感じ、「もっともっと」と権利を主張し、要求する足るを知らないこころ。

これは、相対的貧困を主張する現代の「貧困女子高生」の考え方にも通じるもので、すなわち日本人は、相対的貧困の考え方に陥りがちな考えを持つ人が多いと言えます。

しかしながら大人な読者の皆さんはもうお分かりのとおり、相対的貧困の考え方は憚るべきで、世界を見渡す広い視野と考え方を持つならば、絶対的貧困で考えるべきなのです。

ましてや日本は、有識者によると、資本（自由）主義国ながら社会主義政策が30～40％を占めるバランスのとれている国です。もともと格差社会が当たり前な資本主義国家で、消費税8％でよくこれだけの保護政策ができているなと、僕は国家を称賛し、感謝したいです。私達は、世界的に見てもかなり手厚い国の保護政策により、生かされている、世界でも希少で恵まれている国で暮らしていることを、忘れてはなりません。

世界を見渡せば、数多くの国で、食事にありつくために争いで殺されようが、飢えて死のうが、ほうっておかれているのです。

日本では一部の人達が、世界的に見ても恵まれている保護政策を当たり前のように考え、かつ不満に思って、消費税率をそのままにして、もっと政策を進めろとか、増やせと言います。きっと北欧諸国の手厚い保護政策や充実した年金制度と照らし合わせての不満なのでしょうか？　しかしそれでは、25％という消費税を納得して受け入れるしかありません。


ちなみに、曽野綾子先生は、仕事で幾度も発展途上国に渡航をする関係上、病原菌や伝染病に罹患しにくい丈夫な身体をつくるそうです。そしてその方法が大変ユニークです。なんと許される範囲ではあるけれども、食事の時は、なるべく手を不潔にしたままで食べ、手を洗ったり拭いたりはしないと言います。そこで手や口などから菌をあえて媒介（共生）させ、免疫力をつけているそうです。そのおかげというか努力の甲斐もあって、今まで海外で大病をしたことはないということです。

現代の若いお母さん達は過保護で潔癖症なため、後天性のアレルギー体質の子供を育ててしまう話を聞いたことがありますが、先生をお手本にされてはいかがでしょうか？

念のために言っておきますが、先生は、聖心女子大出身の「バリバリのお嬢様」です。しかしながら、さすがの先生も、発展途上国のホテルで、日本ではとてもホテルと言い難いような部屋のベッドに生息する、あり得ないというくらい多いダニの数には参るようです。殺虫剤や虫除けスプレーをするのを忘れて、ついうっかりベッドで横になったりしようものなら、たちまち全身が真っ赤に腫れ上がるほどだそうです。これって、何百匹に刺されたというレベルで、下手をするとアナフィラキシーショックで命を落とすパターンですよね？　いやはや先生には本当に頭が下がります。

２０１８年現在、87歳を迎える、日本一の「女傑」と称賛いたします。

話は、絶対的貧困の考え方に戻します。

本当に保護を必要としている人々に行き渡ってもいないのに、足るを知らない人達の要求どおりに、保護・福祉政策の予算を捻出させるために、いつもどのような国会審議が行われているのでしょうか？

それは、毎度のように出されるのが、「我々、国会議員の給料を削減してでも……」というような、自己犠牲というか、自虐的な意見です。

しかし僕は、こころにもないことなのかどうかは分かりませんが、このやり方については反対です。それは、自分の給料に見合う職務を一点の曇りもなく遂行しているという自負があるのなら、減給などする必要がないからです。

資本主義国家であるのなら、職種によって給料の格差があってしかるべきだと僕は思っています。それが資本主義国の勤勉・勤労意欲に起因するからにほかなりません。そのために人は勉強をして、自己啓発に勤め、将来の希望職種に就くため、努力をするのです。それを僕は、少年時代から目の当たりにしてきたから、よく分かるのです。

僕の中学時代の同級生の一人に、「将来はパイロットになりたいんだ」といつも言っている友達がいました。僕らが通っていた学校はクリスチャンスクールでしたが、それほどの進学校ではなかったため、そのような職種を目標にしている生徒は珍しかったのですが、とにかく航空高校・航空大学に進学しなければならなかったので、勉強と努力がすさまじいのです。将来の目標も分からず、また考えようともしない子供っぽい生徒らと同年代であるから、まだまだ遊びたい年頃であるはずなのに、それを我慢して一生懸命に勉強をする、敬服に値します。そのような彼が立派で、とても羨ましかったです。

その甲斐もあってか、彼は見事に合格し、胸を張って飛び立っていきました。僕も含めて凡人の子供達が遊びほうけていた時に、脇目も振らずに一心不乱に勉強していた彼には、当然ながら、人一倍の勉強と学習に対する労に酬いる分と、特別な職種に対する高額な対価を受けとる権利があると僕は思うし、その職種によって、評価に格差が生じるのは当たり前であって、決して対等で公平であってはならないと断じておきたいのです。それが真の「平等」です。

それなのに、「一般庶民に、旅行をもっと安く身近に……」が号令のごとく、ＬＣＣ（ローコストキャリア）などの新しいビジネスや格安バス会社などが、日本どころか世界中に幅を利かせています。一見、一般サラリーマンや学生の財布にはやさしく、聞こえがいいかもしれません。

しかしその結果、どのような実態を招いているか皆さんはお気付きでしょうか？　国内の事故ではまだまだ記憶に鮮明な、テーマパークへの日帰りバスツアーと、軽井沢碓氷峠でのスキーバスツアーの悲惨な死傷事故です。これもメディアは突き詰めて触れていませんが、専門家の話で共通していることは、二件とも格安ツアーであり、「旅行会社のゆきすぎた価格競争の犠牲者である」と言い切っています。また国内を含め世界に目を向けても、ＬＣＣ航空各社で、大小さまざまな人為的なミス（ヒューマンエラー）や事故が起きています。なぜでしょうか？

一般的に言って、人の命を預かっている、空のパイロットや、陸海における運転操縦士（航海士）は、日頃にその心身すべての健全を保つ賄いと、責任感やモチベーションを上げるために、一般的な平均給与よりも高額な対価が支払われています。件の航空機のパイロットなどはピカいちと言って良いでしょう。さすがのＬＣＣも、まだパイロットの給料は大幅に削っていないようで、ぎりぎりのモチベーションは保たれているようです。

しかしながら、格安長距離バスツアーの運転手は、給料を削られているか、あるいは給料をそのままにシフトをきつくされて、長時間労働（過酷な長距離運転）に晒されるような経費の節約や合理化をされています。その結果、心身ともに疲弊してしまい、件のような事故を起こしたりしてしまうのです。恐ろしいことに、往復の距離によって、交代要員を乗せて2名で運行することを法律で義務付けられているのに、平気で1名で操業させている業者もいるそうです。

ところで、これに対してＬＣＣ航空各社は、どこで経費を削って運賃を安くしているのでしょうか？　企業努力などとひと言で片づけてしまうのは、あまりにも人（企業）を性善説的に見すぎてはいませんか？　申し訳ありませんが、僕はＬＣＣは信用していません。

メディアなどの特集で、ＬＣＣの安さの理由などを取り上げた番組を見ると、従来からのサービスを必要とする人にはオプション（別途有料化）にしたり、セルフサービスで合理化を図ったり、ＣＡの人員を削減したりと、その辺りの努力は一目を置きます。

怖いのは、ＬＣＣ同士がさらなる値下げ競争に発展した場合に起きる、性悪説的な企業の自己中が顔をのぞかせてしまうことにあります。それはどういうことかと言うと、やってはならない、「メンテナンス（仕業点検）」の合理化です。たとえば、従来検査項目が１００項目あったのが、「航空史上の事故の前例などがない」といった言い訳ができる部分を「合理化して削減しましょう」と言って、90項目に削減したり、たとえば3～4名で配置をしていた航空会社の伝統的で万全な布陣のメンテナンス部署を、経費節約のために半分の2名に削減するようなことです。

このような所業は、ただちに問題が起こらなくても、ボディーブローのように少しずつ効いてくるのです。はじめは引き返す程度で済むような小さな故障も、やがては大事故に繋がりはしないか？　僕はこの価格競争が非常に怖いのです。

節約はこれだけに留まらず、やはりパイロットにもしわ寄せがきているようで、お給料は下がらなくても、待遇がロイヤルではなくなったそうです。航空会社は伝統的に、パイロットはショーファーのリムジンか、ハイヤーで職場まで送迎します。なぜなら、沈着冷静を旨とするパイロットとて、やはり人間です。フライト直前まで、心身ともに健康で、感情の起伏がなく、交感神経と副交感神経のバランスも保たれていなければなりません。そのためには、周りに一切気を遣うことのない、静かに一人だけでいられる空間で送迎してもらい職務に就いたほうが、安全にフライトができていいのです。

ところが最近では経費節約のしわ寄せで、電車で出勤させられていると聞きました。僕は何もそこまでしなくても……と思いました。電車出勤だと、無駄な体力が奪われるだけでなく、移動中に嫌なことに遭遇したりすれば、沈着冷静なパイロットとて、感情が乱れたり、交感神経が異常に高まったりして、一種の緊張（興奮）状態でフライトを余儀なくされる可能性だってあるのです。また、風邪や病気の感染もパイロットにとっては非常に良くないことです。これら集中力の欠如になりかねない状況にさらされてからのフライトも、ボディーブローのように静かに利いてきて、やがては取り返しのつかない事故が起きる引き金のようで僕は怖いです。

人の命を預かるパイロットや操縦士・運転士、またそれらを管理・運営する業界各社の使命とは、事故の起きる確率を０・１％あるいは０・０１％ずつでも削っていくことに尽きるのではないでしょうか？　それなのに、今の世のデフレスパイラルが生んだ、異常な価格競争と新しいビジネススタイルのＬＣＣは、その安全の遂行とは対極に位置してしまうような気がしてなりません。

曽野綾子先生も、件のバスツアーの事故についてエッセーで述べていますので、僕なりの読後の解釈でまとめてみました。

今の世の中は、便利なのかそれともデフレのせいか、昔は贅沢品だったものも本当に安く手に入るようになった。金持ちでない人にも、手に届くようになることは悪い世の中ではないが、その分、自分の器というか、分際というか、自分の領域以上のものを背伸びして、値切ってまで欲しいと思ってしまう。ましてや、格差社会で不景気ならなおさらであるとしたうえで、ただそれは、「もの」ならまだいいが、人の命を預かる「旅行の企画」などに及ぶと話は別となり、「安かろう、良かろう」の世の中の風潮は、大変危険だ。「高かろう、買わない、選ばない」の風潮にしてはいけない。その風潮が今回の悲劇的な事故を生んでしまった。旅行とは本来、贅沢品である。だから旅行に行くのなら、それなりにお金に余裕がある時に行くべきであり、正当な対価をきちんと支払う覚悟を持たなければならない。旅行に対する対価とは、宿泊施設から食事代、観光入場料、交通費、そしてそれらに関わる人件費などだ。さらに、忘れてならないのが、旅行者の安全と命を預かるパイロットや運転士、そして安全点検にかかわる整備士らの人件費などである。そして、安全かつ健全に旅行を遂行するためには、それらの費用は絶対に値切ったり、対価（費用）を削ってはならない領域なのだ。それが払えないで高いと思うのなら行くべきではないし、そのために人は旅行の実現に向けてお金を貯めておくべきだと思う。

僕も同感です。

先生のお言葉は、これらの災難でお亡くなりになられた方々やその御身内には少し厳しい考え方であり、言葉かもしれません。しかしながら先生の考え方には、一点の曇りもなく、そこに偽善の言葉はありません。すなわち、「安くて、安全」などと言う詭弁や偽善がないのです。

事故の犠牲者の方々には大変心苦しいのですが、後世に残された私達すべての人間が、気を付けていかなければならないことなので、あえて書かせていただきました。

私事ながら、僕の父もよく、「旅行には金をかけろ」と言っていました。あとになって分かったことですが、それは「安全を買え」と言っていたのでした。

ところで、知っている読者には恐縮ですが、最近の一流バス会社の安全運転遂行の順守（マネジメントシステム）をひとつご紹介します。

弊社の「慰安旅行」の時に知ったのですが、旅行2日目の朝、旅館の駐車場に停めてあるバスの傍らで、出発前に運転士さんが、タブレット片手に何やら歯切れよく話しかけていました。何事かと傍らによってみると、なんと東京にあるバス会社本社の人間と、タブレットのカメラで朝礼をやっていました。さらに驚いたことに、アルコール検出の検査もタブレット間でできるようなのです。そして遠隔操作で、変動制暗唱番号が毎日変わるようにしてあり、一連の朝礼に合格し、運行許可が下りないと番号を教えてくれないので、運転ができないようになっているというのです。

いやはやさすがにその時は、「ハイテク・マネジメント」に驚きましたし、安全に対する万全さに「さすがに一流」と、感心させられました。

またこのほかにも、仕事に対する対価が低く、もっと高い給料を支払うべきと思う職業があります。警察官です。しかしそれは上層部にではありません。事件事故にもっとも近いところに身を置き、職務を遂行している、交番勤務のおまわりさん（巡査）達です。それは犯罪や事故などに、いつも身近で対処していかねばならず、命を懸けているから、その対価は高くて当然と考えるからです。

よく聞く話で、銀行員さんのお給料は、初任給時から数多くの職業の平均給与よりも、高いと言われていますよね。人の（他人の）お金を扱う職業なので、こころや生活にゆとりを持たせるために、ぜひ必要なことなのだと昔から言われています。それならば、同じように警察官も、一切学歴は関係なく、一般公務員よりももっと高い評価をするべきではないでしょうか？

世の中の事件事故に、命を懸けて対処していくには、やはりこころや生活にゆとりがないと、疲弊して職務遂行が困難になるのではないでしょうか？　少なくとも、夫婦共稼ぎをしなければ、食っていくことが困難な状況にしておくことは絶対避けるべきで、最低でも、過酷な職務遂行の日や、夜勤明けの時に、温かいご飯を炊いて帰りを待つ伴侶が持てるような、「人の帰りを待つ家がある」的な状況を確保できる経済的な余裕は保証すべきです。

僕の地元の議員さんに聞きましたが、国全体的に警官がとても不足していて、場所によっては、数百人の市民を一人の警官が守らなければならない割合の県もあるそうです。それはやはり、職務に対しての対価の低さが職種として不人気な理由であることは、決して否めないと思います。

僕は以前、知り合いの議員さんに、警察官の給料見直しの提案をしてみました。すると、「細井さんみたいな考え方の国民がいると、警察官もきっと喜ぶと思うよ。ぜひ今度の議会で意見させてもらうよ」と言ってくれました。実現できたかどうかはわかりませんが。

でも僕は、警察官にいい恰好をして媚びているわけではありませんよ。勘違いしているのか、舐められてはいけないと思っているのか分かりませんが、明らかに人生の先輩である年齢の人に、威張って敬語を使えていない若い警官がいますが、そのような輩は嫌いです（笑）。

話を戻しますが、国会の審議などで、不足している福祉予算を捻出するために、議員らが自虐的に給与削減する必要はないと僕は申し上げました。

人ごとのような言い方で変ですが、なぜそのように思うのでしょうか？　それは、せっかくの資本主義社会なのですから、前出のパイロットを夢見る僕の同級生のような、そんな子供達の将来の夢になり得る職業を、国家として与え続けてほしいからにほかなりません。

きれいごとや偽善を一切抜きにして語れば、なるべくなら、自分の職務に対する対価が高くて、経済的条件のよいところの職業のほうがいいに決まっています。そしてそれらの職は、大概が子供の頃から、たくさんの勉強や学習をしなければ、なかなか掴み取ることはできません。だからこそ、大変な努力をするのです。

最近はよく「格差社会」と言われ、高額所得者に対して、妬みや僻みを言ったり書いたり、また、政治家をはじめ公務員に、「給料や退職金が高すぎ。減給して国家や地方自治体の予算にまわせ」という言葉をよく聞きます。しかし資本主義社会なら、その格差は必要です。なぜなら、それがなかったら、その職種のなり手（目指す人）がいなくなってしまうからです。

遊ぶこと、好きなことを我慢し、努力して掴んだ憧れの職種の報酬が、対極を申し上げたいので、極端になりますが、好きなだけ遊んで勉強も努力もしなかった人の給料と同じなら、いったい誰がそこを目指すというのでしょうか？　ましてや、激務で責任のある政治家・検事・弁護士・医師・教授・パイロットなどならなおさらです。

しかも日本は、何度も言いますが、資本主義社会と社会主義政策がほどよくバランスの取れた社会ですから、末端の社員の月給と、代表取締役ＣＥＯなどの最上位の月給の格差はせいぜい30～50倍程度で収まっています（外資系や外資が入っている日本企業は除く）。これがもっと競争原理が厳しいアメリカの資本主義社会だと、月給格差が３００～５００倍なんてざらです。ちなみに、国民皆保険もなく、社会政策もずさんなアメリカでは盲腸の手術に、２００万円以上の金がかかり、社会的地位の高い人だけが加入できる質の高い保険じゃないと賄いきれないそうです。

皆さん、日本に生まれて本当に良かったですよね。

この本では、政治家さん達には厳しいことばかりを言っていますが、その道を歩むために一生懸命勉強をしてきたのだから、労に報いる平均よりも高いそれなりの対価の給与は、受け取る権利はあるということを申し上げたいのです。

ただ、子供の頃の感受性が強い時期に、勉強ばかりで「こころの教育」を怠り周りの環境に恵まれなかった一部の政治家が、利他のこころを失い、不正を起こしたりすること。または、法案の立法などに対して、自分の意見や代替案も持たずに、いたずらに時間稼ぎをして、「時間の無駄遣い」をし、可決を幾年も遅らせる輩。これらは、前述の権利の限りではありません。いずれも国民のためにならず、泥棒と同じです。

ちなみに、ここでいう勉強と努力とは、学歴と一切関係なく、卒業大学など特に問題ではないのです。

ところで、資本主義国である日本の国家の使命とは、いったいなんであるべきでしょうか？それは、なるべく多くの国民を、優秀なタックスペイヤーに育てることに尽きます。

なぜなら、資本主義国は、国民から税金を集めて運用し、国土と国民の繁栄を築くことこそが、最大の使命だからです。そのような意味においては、生活保護者に対して、生活費を支給し続けることが最終目的ではないのです。やはり一日も早く、職場を見つけて就職させ、一人前のタックスペイヤーにして、保護から離脱させることこそが国家の使命になり得るのです。

何年か前にある有名な司会者が、日本人はアメリカ人と比べ、妬み、僻みが強いと言っていました。だから、成功者に対してアメリカ人はスタンディングオベーションをし、次は自分の番だと奮起しますが、日本人はネガティブな感情を抱きがちなのだそうです。

僕は、日本にまだ「大人」が多かった古来から、妬み、僻みが強い人種だとは思いたくも信じたくもないですが、どうしてアメリカとこのように習慣が違うのかと歴史的背景を考えた時に、ひとつ思い当たる節があります。それは、農耕型（永住）民族の日本に対し、アメリカはインディアンでおなじみの狩猟型（移住）民族のため習慣に差があると思うのです。

たとえば、両国のある村で、成功者（暮らしが裕福になった人）がいたとします。その場合、アメリカだと、栄誉をたたえても何年かすれば、成功者もそうでない人も、狩猟民族ですから、生きるために獲物を追いかけ馳走し、やがて離れ離れになるので、成功者と長年近くで暮らしません。

それに対して日本の場合農耕民族なので、成功者が村にいると、長年あるいは生涯に亘り、近所に住むことになります。したがって、成功者といつも比べたり、比べられたりの生活をするので、それが比較の習慣となり、妬み、僻みが生まれてしまうのではないでしょうか？

でも僕は、どちらかが悪しき習慣というわけではなく、痛し痒しだと思います。たとえば、小悪党は、圧倒的にアメリカの村のほうが多くいたと思います。なぜなら、悪いことをしたら、移住（逃亡）してしまえばいいからです。日本の村でそんなことをしたら大変です。「村八分」にされてしまいます。

かくして日本人は、自分と他人をいつも比べる性となったのではないかと、僕は考えます。

以上のように、なぜ「絶対的貧困」の考え方が大切なのか、またなぜ日本人が、その対極にある「相対的貧困」な考え方に陥りがちなのか、縷々として説明してきましたが、世界的に見ても決して誉められる思考ではないので、日本人としてお互いに、気を付けていかねばならないのではないでしょうか？

そこで、おすすめしたいのが、募金（寄付）です。

5．とにかく募金から始めてみよう。ボランティアは二の次でよい……その理由とは？

僕は、日本ユニセフ協会、国境なき医師団・UNHCR（国連難民高等弁務官事務所）の3団体に、総額で月8万円の寄付（マンスリーサポートと言います）をしています。動機は、「世のため、人のため」と言えばカッコいいですが、実は言い訳をしたい卑怯な下心もあったりして、決して手放しで誉められるものでもありません。

なぜなら、僕がこのような本を執筆するのなら、日頃から発展途上国へ取材に出かけたり、ボランティアに行くことが王道であり、好ましいことであるはずです。しかし僕は曽野先生や、杉田代議士のように行動力もなければ、度胸もありません。おまけに飛行機嫌いで、56年の人生で海外渡航は両手で足りる程度です。また旅先では寝付きが悪く、いつも睡眠不足です。だからと言って、決して世界的な貧困を見て見ぬ振りをしてるわけではなく、いつも気にかけています。「じゃ、何かやってるの？」と言われた時に、その言い訳と大義名分で募金を始めたのです。

ではなぜボランティアは二の次でいいのかと言うと、海外の紛争被災地や災害被災地などは、NGOかNPO団体のボランティア経験者といった、いわゆるエキスパートが赴くのでまず問題はないのですが、国内の災害被災地などに赴く、にわか仕込みか初心者といった個人ボランティアが、現地の自治体の方々を困らせたりするからです。故に、ボランティアを正しく理解している人でないと、かえって足手まといや迷惑になるだけなので、それならば間接的な支援のほうが、遥かに現地のためになるからです。

意外と知らない人が多いと思いますが、ボランティアは現地入りする際、「手弁当」が基本です。こう言うと、知らない人はすぐに、「食料」を連想すると思いますが、その時点ですでに間違いです。

手弁当とは、「すべて自前ですよ」という意味であり、それは非常に厳しいものであって、それなりの覚悟が必要になります。たとえば災害被災地の場合、自分達が寝泊まりするテントや食料の準備は基本です。さらに、現地の仮設施設や救援物資などは被災者のものですから、水やトイレ等の準備も挙げられます。ライフラインが遮断されれば、水は大変貴重なものになるため、飲み水はもちろんのこと、トイレ（排泄物の処理）までも自前が基本なのです。「一緒にどうぞ」と言ってくれる自治体もあるかもしれませんが、仮設トイレの列に、被災者と一緒にボランティアが並んで行列を長くしてしまうのは、本末転倒です。ベテランボランティアや、エキスパートの方々は、大人用紙オムツや、段ボール製の組み立てトイレに臭い消しの砂などを持参するそうです。

すなわち、紛争被災地や災害被災地のボランティアとは、神に近い究極ともいえる利他のこころを持たないとなかなか難しいものであり、遂行はできないのです。

それにも拘らず、たとえば東日本大震災後の復旧活動で、テレビなどで報道され知りましたが、ボランティア希望に集まった人の多さに、本当に驚かされました。なぜ、こんなにもボランティアを志望する人が多いのでしょうか？

それはやはり、日本人は少なからず体裁を気にするからだと思います。つまり、周りの友人や知り合いなどが、ボランティアに行くと、何もしない自分が何かとてつもなく非道に思え、後ろ指を指されたくないと考えるようになり、やがて志がわずかでも、現地へ行くことによって安心し、満足を得て帰ってくるというものです。おそらく集まった人の7割以上の方がそのような動機なのではないでしょうか？

しかし僕は、無関心な人よりは、行動を起こす人のほうが素晴らしいと思います。それなのに、せっかくの善意も、被災地の自治体から、「もうボランティアの登録は予定人数に達したため、受付は終了しました。この付近、大変混雑していて危険なため、速やかに解散してください」と拡声器で言われている場面をテレビで見て、とても気の毒に思いました。

そうです。大変申し上げにくいのですが、はっきり言うと、ありがたいというよりは迷惑がられていました。

この出来事について、現地の自治体の方や有識者の方、そして曽野綾子先生が評論していたので、その評論を参考に自分の意見を取り入れてまとめてみました。

ボランティアで、現地入りを志す気持ちは大切ではありますが、それ以外の支援や協力も、いろいろあります。

まず現地へ赴くボランティアは、地域貢献の原則に則り、自分の居住区（地元）やその周辺で行うことが基本です。地元のことはやはり、地元民に任せるほうが、利に適《かな》うのです。

さらに、自分達の足で立ち上がることにつながるので、被災者にも自信が湧いてきます。なので、すぐに現地に赴くことは考えずに、まずは自分の日常の身の回りのことをしっかりやってほしいのです。

たとえば、日本のどこかで歴史的規模の震災が起きたからといって、何か特別なことをしようと考えずに、とりあえず自分の仕事が滞ることのないように、一生懸命に励むという志も、間接的ではあるけれども、十分に後方支援となります。

なぜかと言えば、天災などで一番問題になるのが、企業の生産システムの倒壊による経済活動の滞りだからです。東日本大震災のような記録的大震災ともなると、一度に4県以上にも被害が及びます。東北一のビジネス＆歓楽街を持つ仙台も被災したので、建物の倒壊や操業不能に陥り営業できなくなる企業は、それなりの数になりました。

　ましてや大都市東京や関東に大震災が起これば、被害は相当数にのぼり、企業の操業停止による被害額（経済的損失）だけでも、おそらく10桁～13桁に及ぶはずです。そしてその損失が震災後の復興予算に響き、復興の遅れにつながるというわけです。そのようなことをできるだけ避けたいので、経済再生に尽力することも必要なのです。

　東日本大震災の時に、犠牲者の喪に服してという理由で、派手に見える若者のコンサートの中止も多かったのですが、経済再生、すなわちお金をどんどん回して活性化させるうえでは、むしろ中止はせずに開催してほしいのだそうです。

　故に、身の回りの人達が、ボランティアで現地に赴こうが経済が滞ることのないように、自分の仕事に励むという間接的支援を、胸を張って毅然として遂行すればいいのです。

6．そろそろ飽食はやめにしないか？（日本は本当にお行儀がいいの？　食に対して抑制のない日本人に向ける諸外国の目）

ひと頃のブームが去り、最近では少なくなりましたが、「大食い選手権」というような番組やイベントがありますよね？　いったいなんの「選手権」なのだかわかりませんが、「フードファイター」という職業もあるのだとか。

そこで提案なのですが、そろそろこういうことはやめにしませんか？「フードファイト」なんて……。食べ物とはそもそも、まず収穫（狩猟）があって感謝し、それらの「命」をいただくので、「いただきます」と手を合わせてさらに感謝をする。一にも二にも感謝をしていただくものです。それなのに、食べ物を戦いの道具にするというイベントや番組は、世界的貧困層の人達に対して、配慮に欠けた礼を逸することではないでしょうか？　しかも飽食の量の多さで、勝負を決めるのであればなおさらのことです。大食い10人の参加する大会で使う１００人前以上の食材を、腕の太さが、５００円玉の直径にも充たない世界的貧困層の子供達に食べさせたいと思いませんか？

また、政府に対しては、「もっと貧困層の面倒を見ろ」と文句が出るくせに、不思議とこのような番組に、批判や文句が集まらないのはなぜでしょうか？　これはこれで、楽しく見られるのでしょうか？

　僕はこの手の番組の内容や仕組みはよく知りませんし、スポンサーもきっとさまざまな企業なのでしょう。でも、滅多にないことだと思いますが、番組のスポンサーがもし食品会社で、自前商品の宣伝の目論見があるのだとすれば、たとえば飽食番組を、今年から「大食い選手権」で使用していた番組スポンサーの食材料で、発展途上国の貧困な子供達に炊き出しを行い食べてもらって、「おいしい」って言わせるくらいの献立を工夫してはどうでしょう。しかし、日本の良質な食材に慣れてしまうと、現地で配給される粗末な食事ができなくなります。そこで、現地の食材と日本の食材をコラボレイトして、現地の食材でもおいしく食べられる調理法を教えてあげるのです。そしてそれを海外リポートするような番組をつくることなどを考えてみてはいかがでしょうか？　飽食番組以上に、その食品会社のよいコマーシャルとなるはずです。

「飽食」とは、飽きる（呆れる？）くらい腹いっぱいに食らうという意味で、古来から行儀作法のよい日本にはない習慣でした。なぜなら、飽食には、決して利他のこころを持って食事を分け与えるという観念（概念）が存在しないからです。人を省みず、脇目も振らずに食らう。その悪しき習慣は、いったいいつ頃どこから来たのか分かりませんが、「戦後」からに違いありません。

僕は、一見行儀良さそうな、脇目も振らずに食することを良しとしません。むしろ、キョロキョロと行儀悪そうなイメージに受け取られそうな、脇目を振りながら食することこそが、動物には決してでき得ない、人間のみが成し得る美徳と考えます。

だからといって、本当にキョロキョロしながら食べるわけではありませんよ。脇目を振りながら食することとは、それだけこころに余裕を持つことであり、それが利他のこころに繋がるからです。

それは、いつでも飢えた人にも分け与えられるように、パンはちぎりながら食べるものと教えたキリスト教に通じるこころであり、「絶滅危惧の恐れのある食べ物だから少し控えましょう」という、世界の世相を慮りながら食せる「こころ」そのものだからです。脇目も振らず食らうとは、これらのことを見る余裕のないこころであり、やはり自己中で幼稚な考え方と言えます。

そしてこの悪習慣が、今問題になっている食材料となる魚の絶滅危惧種の増加を誘因させているとも言えるのです。鰻・マグロ・サンマなどがそうです。

鰻は、日本人の鰻好きが原因で絶滅危惧種になりました。すると救世主ともいえる日本人が現れ、ベトナムで鰻養殖の会社と工場を起業し、日本人に「うまい」と言わせた養殖・開発を成功させます。そしてとりあえずは、「国産」にこだわらなければ、まだしばらくは、鰻を口にすることができるようになりました。しかしながら、根本の悪しき飽食を改め、省みないと、同じことの繰り返しになるように思います。

僕も鰻は大好きで、以前は「月いち」程度口にしていました。しかし、2〜3年くらい前に、テレビのドキュメント番組で鰻の危機的状況を知りました。その番組で専門家が、のべつまくなしに口にするのは極力やめていただき、何かの節目、たとえば、法事や祝い事の時などに口にするといった配慮も考えていただきたいというような旨のお話をされていました。なので今は2カ月に1度と、以前の半分の機会にしています。

鰻屋さんもこれまでは、商売繁盛を良しとし、売りまくっていました。しかし、深刻な品不足と価格高騰により、客離れと商品の提供ができなくなりはじめ、廃業の危機が現実味を帯びるならば、改めなければなりません。

たとえば売り上げが多少落ちても黒字で回るのなら、「本日、鰻重の松、30食限定」といった数量を限定する配慮が必要になるでしょう。そうすることにより業界全体を守り、かつ、自身のお店も「細いが末永い」商いが実現できます。また、お客のほうにも協力は必要で、好きなだけといった飽食はやめ、皆と末永く分かち合えるような食べ方をしたいものです。

僕ももし、さらに制限をしなければならないと聞けば、春夏秋冬の季節の変わり目の4回と覚悟を決めています（笑）。

続いて、マグロ（黒マグロまたは本マグロ）の問題です。この魚も鰻に負けず劣らずの日本人が大好きな魚のひとつですが、幸いなことに、生より火の通ったものが好きな僕には、あまり食べる機会はありません（何が幸いだかよく分かりませんが……）。

ひと口にマグロといってもいろいろな種類がありますが、絶滅危惧種に指定されているのが、もっとも高級な黒マグロです。この問題もメディアで特集していましたが、まぁ、鮨ネタにはじまり、海鮮丼、刺身から懐石料理の献立と、まるで崇拝者がいるかのように人気が高く、需要に漁獲高が追いつかず、いわゆる黒マグロを寝かすことができない状態らしいです。

当然、希少性から仕入高も跳ね上がるので、細腕飲食店では取扱いをやめ、メバチマグロやキハダマグロ、そしてビンチョウマグロなど、黒マグロにはない味わいをお客様に提供しているようです。

ところで、絶滅危惧種の黒マグロですが、先ほど申し上げたとおり、あまりの需要の多さに青田買いの状態となり、寝かすことすなわち、食べ頃と売り頃まで育てることが、待てない状況に陥っているのだと、有識者は危惧しているのです。なぜかと言えば、その状況こそが、絶滅の要因となり得るからです。

マグロは、大きさ（重さ）で、価値が決まり、一般に大きければ大きいほど、高級なものとなるようです。それを十分に認識しているにも拘らず、小さいうちに漁獲してしまうので、一匹あたり、数キロから数十キロで、数万円から数十万円程度で競りに出るそうで、大変もったいないことだと言います。

これは、現在の国の漁獲法が、全体漁獲制限方式であり、国全体で、絶滅危惧種の漁獲高を決めるので、一網元に規制がありません。なので、当然そこに競争原理が働き、早い者勝ちかのごとく、こぞって、漁獲高を競うという、未成魚の乱獲が横行してしまいます。

有識者によると、現状の黒マグロの漁獲時期よりも、さらにあと5年は待つ（寝かせる）必要があり、それが理想なのだそうです。そうすると、大きさは数百キロに成長し、数百万から、場合によっては、数千万の落札取引に及ぶと言います。そこで、個別漁獲高制限方式（魚種別割当て制度）という、今までの日本になかった制限方式が必要になってくるのだと、有識者は説いているのです。

この方式だと、一網元の漁獲高に制限が生じるので、なるべく効率のよい、その魚種の大物を狙うようになります。また、割当を決められると、こころにゆとりもできて、魚群を探知するや否や、やみくもに漁をしていたのが、幼魚の多い群れにはもう少し寝かそうという余裕も出てくるようになり、より大物の多い魚群を狙いにいくようになるそうです。その方式を採用し成功しているのが、ノルウェーの漁業です。

次にサンマの問題です。サンマは、鰻やマグロと違い、まだ絶滅危惧種に指定されていませんが、このまま東南アジア諸国で乱獲が続けば、いずれ危惧種に指定されるかもしれません。日本のサンマの漁獲量の低迷は深刻で、２００５年頃までは毎年、20～30万トンで推移していましたが、近年（２０１５年～）では11万トン前後まで激減しています。

日本はその主な原因として、温暖化による潮の流れの変化で、日本の領海内が中心だったサンマの回遊ルートのポイントが東へずれて、ＥＥＺ（排他的経済水域）かさらに、公海近くまで外れてしまった自然的要因があること。またそのことにより、近年サンマブームで、台湾・中国・韓国などが勢力を伸ばし、日本の漁船は外国漁船の大きさと数に圧倒され、大量に奪われてしまっていることを挙げています。

この状況を懸念する日本は、「サンマの資源管理」を大義名分に東南アジア諸国に呼びかけ、漁獲枠の新設の提案をしています。しかしアジア諸国からは、日本の鰻やマグロの乱獲を指摘されることも多く、なかなか合意が進まないそうです。「おまえが人のことを言うな」というわけですが、他国にそのように言われても仕方ないかもしれませんね。

ましてや、東南アジアの「サンマブーム」も、もともとは美食の国日本へ旅行に来た外国人が食しておいしさに感動し、自国に戻って健康食として見直され、流行らせたというのですから、皮肉なものですし、何も文句も言えません。そのほかにも、日本は他国に比べて、やはり漁業にも深刻な後継者不足と高齢化問題を抱えており、漁業の衰退に拍車をかけているようです。早急な対策が必要でしょう。

日本は、尖閣諸島や竹島などの領土・領海の未解決問題を抱えているものの、比較的領海は広いほうです。

それ故に、今の時代、お金さえ出せば、なんでも手に入れられて、好きなだけ自由にできるという考え方は戒めていかねばならないでしょう。第一、そんな考え方は今時は古いです。

これからは、脇目も振らずに食らうという幼稚で自己中な考え方は改めて、脇目を振りながら、時には皆に分け与えられるような、大人的な食し方ができるように、世界各国がお互いに気を付けていきたいものです。

先に述べた大食い選手権ですが、かくいう僕も、なるべく避けたいですが、注文をした食事の量が多すぎて、残すこともあります。そんな時は、自分も無駄なことをしているわけで、完食している大食い選手を非難できない立場になることもあります。

7．足るを知るこころとは？

若者を対象とした国際調査によると、日本の若者が、こころの幸せの状態が世界でもっとも乏しいことが明らかになったそうです。教育慈善団体 varkey foundation（バーキィファンデーション）が、世界20カ国の15～21歳の2万人からアンケートを採りました。その中のひとつ、「あなたは、今、幸せですか？」という質問に、「自分は幸せ」と回答した確率が、日本の若者が世界でもっとも低いらしいのです。

また、日本の若者に幸福度が低いことも、２０１４年の内閣府の調査で明らかになっているそうです。日本を含めた７カ国（韓国・アメリカ・イギリス・フランス・ドイツ・スウェーデン）の満13歳～29歳の若者を対象とした意識調査で、「自分の身の回りに満足している」と答えた人は、他国はすべて70％を超えていますが、日本は45・８％に留まったと言います。日本人の若者の２人に１人以上が、「自分の身の回りに不満足で幸せではない」と感じているのです。

大人な読者の皆さんは、この数字と結果をどのように捉え、分析し、考察するのでしょうか？　一部の偏向的で幼稚なホームページでは、ここぞとばかりに、「国家の政策・制度が悪い」のだとか、「安倍がバカだからいけないんだ」とか、悪口雑言の嵐です。果たして本当にそうでしょうか？　いいえ、違います。賢明な皆さんはこのような言動にそそのかされることはないと思いますが、決して国が悪いわけではありません。この事象の要因はすなわち、日本人が子供に正しい教育をしてこなかったことにほかなりません。逆に言えばやはり、ＧＨＱとそれに協力した一部の偏向教育の名残とも言えます。

先述した、アメリカ人が狩猟・移住型民族が大部分なのに対して、圧倒的な農耕・終身定住型の日本人が、他者と暮らしを比べることによって、妬み、僻みを感じてしまう性であることを百歩譲って差し引いたとしても、世界と比べると本当に情けなく、残念に思うのは僕だけでしょうか？

何を申し上げたいのかと言うと、先ほどご紹介した杉田水脈さんの「撫子リポート」の中で触れた、若者の「相対的貧困」の考え方そのものが、この事象の主たる原因にほかならないからです。少しややこしい表現で恐縮ですが、「足るを知る」を知らないこころであり、「絶対的貧困」を考慮する余裕のないこころです。逆に言えば、これらの考え方を正しくきちんと認識し、世界を見られる若者は「自分は不幸だ」というはずがありません。

これから紹介するのは、曽野綾子先生の新聞のコラムを読み、僕なりに考えをまとめたものです。

日系人の移民が多く住む南米で、何十年と働く神父さんに、先生が久しぶりにお会いした時のこと。神父さんが働く貧しい村に行くと、彼は日本からの寄付で建てた学校と墓地を案内してくれ、その時、人なつっこい日系人の女の子が、墓石の上をとび歩き、遊びながらついて来て、先生に多くの友達が死んでしまったと話したそうです。

当時の貧困にあえぐ人達の食生活は驚くほどに悪く、結核や肺炎になると実にあっけなく死んでしまうのが当たり前でした。そして今でも日本で生活していては想像できないほど、質素で貧しいものを食べていることをコラムから学びました。

そして先生は、恵まれた環境である日本の若者が、幸福でないと思うことを嘆き、南米の人達は幸も不幸もすべてを受け入れ、他人に話し、孤立もしないから淋しくもならない。何より、不幸だと思っていないから、屈託がなく明るいのだと、書いていたように記憶しています。

僕も同感です。人間の幸不幸の原因は、社会や国家の仕組みや他人のせいではないのです。

また、現在の日本の社会問題になっているのが、食物の年間廃棄量が世界各国と比べると多すぎることです。世界平均が300数十万トンに対して、日本はなんと600数十万トンと約2倍に膨れ上がり、断トツの1位だそうです。これは日本の「ゼロリスクの呪縛」に多く関係しています。すなわち、賞味期限や消費期限に対して、他国より神経質で厳しく、期限が過ぎると何やらお腹をこわしてしまうと思うのか、棄ててしまうからです。

全く傷んでいないものが多いのですから、本当にもったいない行為です。ノーベル平和賞を受賞した、ケニアのワンガリ・マータイさんによって世界的に有名になった「モッタイナイ」精神に反する行動で、恥ずかしいですよね。

ちなみに我が家では、期限が過ぎても臭いを嗅いで傷み具合をチェックして、大丈夫なら、期限が半年を過ぎようと一年過ぎようと食べています。おかげで菌と共生でもして免疫ができているのでしょうか？　我が家ではお腹を壊したこともなければ、ノロウィルスに感染したこともありません（笑）。

また、お店側や行政も良くありません。お店は、期限が過ぎると売れなくなるので見切りが早く、すぐ処分をするので、廃棄量に拍車をかけます。なので、期限が過ぎてもまだ食べられますよセールなどをして、安く消費者に捌くべきです。

そして行政も本来なら、期限が過ぎた食物でも傷んでいないのなら、貧困層の施設や、生活保護者やその家庭、あるいはホームレスの炊き出しなどにどんどん活用し供給すべきです。それなのに、「期限が過ぎた食物を貧困層に与えたりするのは、人道的に反するので、あってはならない」などと言う一部の偽善に満ちた政治家達に惑わされていることもあるので、結局、廃棄量に拍車をかけています。世界基準の貧困層の子供達が聞いたらなんと言うでしょうか？前出の南米の貧しい女の子ならきっと、「捨てるなら私にちょうだい。私ね、お腹いっぱいになってみたいの……」と言うでしょう。その言葉に日本人は大いに涙し、こころ打たれて早く気が付くべきです。別の項で述べたことをもう一度言います。

「腕の太さが５００円玉の直径にも満たない、世界的基準の貧困層や紛争難民の子供達に、食べさせたいと思いませんか？」

しかし嬉しいことに、最近やっと気付く人が現れ、賞味期限が年月日表示で神経質だったものを、年月だけにして少し曖昧にし、なるべく多くの人に捨てずに食べてもらおうとしている動きもあります。けれども、根本的な考え方から改めていかないと「焼け石に水」になるでしょう。

このように、世界の現実を受け入れて、日本に生まれたことだけでも「幸福」だと思わなければいけないと思うし、また思わぬのなら、なぜ幸福と感じられないのか自分を省みてさらに、自分の身の回りのどこに幸福があるのかを見出さなくてはいけないと僕は思います。日本は世界的基準の貧困層や紛争難民の皆さんから見たら、「夢のまた夢の国」なのだから……。

またそれを伝え、教育していくのは、親や教師なのだから、まず教育当事者にしっかりとした「幸福観」を持っていただきたいのです。

読者の皆さん、今度機会がありましたらぜひ、あなたの子供に「今は幸福かい？」と尋ねてみてください。「上を見たらキリがないけれど、今僕は（私は）幸福だよ」

そう子供が答えてくれたなら、今までのあなたの子育て・教育はまず成功したと思ってよいと僕は思います。

そしてもし、「幸福ではない」と答えたら、そのように思う原因はどこにあるのかを、じっくりと向き合って話し合い、教育してあげてください。

右傾化と左傾化、どちらに軍配？

1．シリアのアサド

人はそれぞれ、さまざまな意見を持ち、世の中を白だ黒だとか、二者択一では語れないものです。したがって、右派的志向や左派的志向の人にも、僕はいつでも中道的立場でものを申したいと思っていますが、僕なりに譲れない条件がひとつあります。

それは、右派の人は言うまでもないのですが、左派の人にも、自分の国を慈しむこころがあるか否かということです。それは、過去・現在・未来すべてにおいてです。母国を大切に考え、慈しむこころを持ったうえで、左派的政策を論じるのなら、それもありかなぁーという考えを持つことにしています。

が、残念ながら現在の日本には、そのような考えを持っている人は非常に少ないどころか、国を貶めようとしている人がほとんどです。

このような現状だと、僕は右傾化に軍配を挙げざるを得ません。またそれと同時に、いつまでも平和ボケしていないで、日本人として諸外国の悪と虚偽に対しては、毅然としていてほしいのです。

たとえば以前、某テレビ局の夜のニュース番組の中で、論客解説員（コメンテーター）がシリアの内戦問題に触れ、アサド大統領に対して、さん付けの「アサドさんは……」と罪人否定ではなく、人柄肯定ともとれる解説を論じていました。

この番組を見ていた人の何割の人が、違和感を覚えられたでしょうか？

おそらく、その番組を平気で放送するテレビ局や、それを容認した上層部のあまりにも不誠実でこころない放送倫理など、難民を慮れる想像力の欠如をした人達の数を含めて想定すると、ざっとですが、20％程度ではないでしょうか？

シリアの大統領アサドは、反対派の国民に銃口を向けて、大量虐殺を繰り返し行っている、国際法を犯す犯罪者です。

アサドの残酷さがわかる出来事をご紹介します。その場所には以前、人々が生活していた小さな町がありました。市場があり、商店が並び、住居があり、学校もある、ささやかな幸福を感じて生きる人々の息づかいが聞こえる町でした。

その町がある日突然、建物はおろか、命あるものすべてが消えてなくなってしまいました。つまり、ご遺体や瓦礫などが、たった一片さえも跡形もなくなって、土ぼこりが舞う大地だけとなったのです。それは、空と地上からのクラスター爆弾（別名で樽爆弾とも言います）と銃火器の圧倒的な攻撃で、人ごと町を喪失させたからです。老若男女、そして赤ちゃんまで……。

そして証拠が残ると世界中の国々から批判され犯罪者となるので、隠蔽のため、跡形もなくなるように、遺体も瓦礫もすべてを地中に埋めました。

すなわち、「もともとそこには、町もなく、人もいなかったんだよ」ということにしたのです。

これほど残酷なことが、この世にあるでしょうか？　これは虐殺ではなく、「殺戮」です。このような犯罪者、アサド大統領を果たして「さん付け」で呼ぶべきでしょうか？　それは、殺人犯に「さん」を付けて呼ぶのと同じことです。このような状況下では、大統領も付けずに、「シリアのアサドは……」か、どうしても大統領を付けて放送したい場合は、「国際法に触れる大量虐殺を繰り返しているシリアのアサド大統領は……」と言うべきです。

それは殺された人はもちろんのこと、身内を殺され、祖国を追われたシリア人に対しての人道的「筋」を通すためです。それはたとえ、日本のテレビ放送を視聴していなくても慮れることだと僕は思います。

もし、前述のような不適切な放送を見たら、シリア人は日本をどのように思うのでしょうか？　少なくとも平和ボケをしていないアメリカでは、このような放送はまずあり得ません。

2. ロシアのプーチン

また、もうひとつ気になる、日本人として恥ずべき平和ボケの行動があります。それは、ロシアの大統領プーチンのブロマイド風カレンダーが意外と人気で、ことのほか売れているという現象です。

僕に言わせれば、それだけ「幼稚な考え方の人」が多いだけとしか理解できません。買うのは、特に若い女性に多いのだとか。そのカレンダーを買ってきて、「カッコいい！」と思っているのでしょうか。無神経にもほどがあります。シベリアに抑留され、非業の死を遂げた日本兵をお身内に持つ方や北方領土の元島民の方々がそれを聞いたらどう思うのでしょうか？ そしてその喜んでいる娘を、いったいどれくらいの割合で今の日本の親御さんに叱ることができるのでしょうか？ 僕はすごく興味があります。あまり期待はできませんが……。

ちなみに、僕が親なら、「バカ者ーっ！」と一喝して、頬に平手打ちを張りたいのをグッと我慢するくらいきつく叱るでしょう。

プーチン大統領は、日本に対してはいわゆる「二枚舌」を持つ人です。柔道が大好きで、そして秋田犬も大好きで飼っている。日本フリークな親日家と思わせておきながら、北方領土の返還交渉の話となると、「第二次世界大戦時の戦利品であるから返す考えはない」と暴言を吐きました。そのような失礼極まりない考えと言葉に、日本人は毅然として「NO！」と言えなければなりません。

日本はアメリカに受けた蛮行である、東京大空襲と広島原爆投下によって、瀕死の重症を負っている時のことです。ロシアは敗戦が濃厚と見るや否や、日ソ不可侵条約を一方的に破棄して攻めてきて、北方七島を奪い取ったのです。日本国民なら、その所業をプーチンやロシアの国民に、「NO！」と毅然と言い続けて、肯定させてはなりません。

その事件さえ起こらなければ、戦後、すぐに家族のもとへ帰って、あったかいご飯を食べられたはずなのに、極寒のシベリアに抑留された人の数、推定およそ76万人、そのうち、凍死、餓死、過労死（体罰死も含む）といった非人道的な死を遂げた日本人、推定およそ7万7千人にも及びます。日本の兵士達は、やっと天国のような自分の家に帰れると思っていたのに、地獄に引き戻されたのです。僕は涙を禁じえません。

こころない人や、一部の偏向者は、「日露戦争の恨みがあるから仕方ない」と思っているようですが、その日露戦争も、日本が悪いわけでも侵略したわけでもありません。北方の国の宿命ですが、当時のロシアは、不凍港をひとつも持っていませんでした。そして凍らない港がどうしても欲しかったロシアは南進して、日本の領土内の港湾を狙ってきたのです。日本はそれまでのロシアの態度に鑑み、つけ上がれば、日本海全体がロシアの領海にされかねないとみて、防衛のために仕方なく抵抗したことが、戦争の引き金となったのです。その日本軍の命懸けの奮闘のおかげで、今の日本海は日本の領海のままでいられたのです。そのほかにも、意外と知られていない旧ソ連の日本に対する非道があります。

８月15日にポツダム宣言の受諾を表明したあと、留萌沖で樺太からの日本人引き揚げ船３隻が、旧ソ連の潜水艦によって攻撃され、１７００人以上が死亡しました。それが、犠牲者のほとんどが女性や子供、老人だった『三船遭難事件』です。

まだまだ極悪非道な事件があるのですが、この本の題目とかなり離れてしまうので、今回は触れずにおきます。

僕がここで非道であり理不尽だと思うのは、戦争が終結し、長く暗いトンネルから抜け出て、やっと晴れた青空が見えた、一縷の望みと幸福を感じた矢先に殺されたことです。

彼ら彼女達は、貧しく厳しくとも、確実に明るい未来を目指す戦後復興に参加できぬまま命を落としたのです。

そしてプーチンは、これらの歴史的背景と史実を十分に知っているうえで、「戦利品」と言っているのです。またロシアは、自国民を大量虐殺しているシリアのアサドに武器供給などの支援をしています。それは、殺戮を肯定しているのと一緒です。

それでもまだ、プーチンのカレンダーが欲しいと買いにいきますか？　また、自分の娘が買ってもそれを許せますか？


これら2件の日本人の行動も、この本の中で述べている、「人を慮れる想像力」の欠如が原因にほかなりません。


僕はこれらの事象に鑑みると、平和ボケと言ったらそれまでですが、何やら日本人が、とてつもなく誤った考えを持つ人種になりそうで心配になりますし、怖いです。

これらを正すのは、やはり「教育」です、教育しかありません。もうそろそろ、本気で一から教育を見直さなければならない時期にきていると、今の日本を見て思いませんか？

また、プーチンのカレンダーを作った企業も、もともとは、日本に在住しているロシア人のために作ったもので、目論見がはずれたものだと、僕は信じたいです。

読者の皆さんは、どのようにお考えでしょうか？

なぜ、最近の政治家に、失言や暴言が多いのか？

皆さんは、最近の政治家に失言や暴言が多いのはなぜだと思いますか？

もちろん、はじめから政治家の資質がないとも言えなくはないでしょうが、いやしくもほとんどが、東大・早稲田・慶応クラスの学士様方なのに、頭悪すぎと思う方もいらっしゃるでしょう。

しかしそれこそが、要因のひとつかもしれません。それは、その人が育った周囲の環境すなわち、両親や教師が躾てこなかったからです。

それは、勉強さえしていればそれで良しとする周りの環境が、子供のこころを感受性豊かに育てないからです（ここでいう勉強とは、机上や受験の勉強を指します）。

勉強とはどんなにたくさんしても、社会に出れば結局は机上の空論にすぎません。社会とはそういうものですし、勉強ができれば通用するほど甘くはありません。

僕がもし、自分の子供を政治家に育てようとするならば、きっと勉強の時間を削ってでも、高校生くらいからいろいろなアルバイトやボランティアをさせるでしょう。アルバイトといっても金稼ぎを学ぶわけではありません。

そこで、人情の機微や利他のこころを学ばせるのです。と言うと、超名門の学校で、良い友人や部活に恵まれた環境であれば、学校の中（学校社会）でも学ぶことは可能なのでは？　という意見も聞こえてきそうですが、学校ですと、大人びた考え方や立ち居振る舞いといった態度をしゃらくさいと思っている輩から、からかわれたり、時には苛められたりする環境があったりすると、なかなかこころが育ちにくいのです。

また、社会人になってから学べば、それで良いのでは？　との意見も出てきそうですが、社会人になると多少人間的にも「世間ずれ」がしてくるので、それをしない理由やできない理由などを考え言い訳するので、これもまたなかなか実行できず、学べないのです。

学生の頃から社会に出れば、社会人にあごで使われるような、それこそ底辺に身を置くことになりますが、それがいいのです。そこで世の中の「酸いも甘いも」を知ることができて、底辺にいる人の気持ちや、上司の立ち居振る舞い、下の者に対する態度、そして人に言って良いことやいけないことなどを、これからの自分の世渡りに当てはめて、深い人情の機微を学べるのです。

えっ？　アルバイトを禁止している学校もあるですって？　そんなの「くそくらえ！」です。

ボランティアも同様です。なるべくこころが澄んでいる青少年の頃から利他のこころを学ぶことが大切です。

以上のことを踏まえて僕がお勧めしたいのが、まず三世代同居です。お家によっては、嫁・姑の難しい問題もあるでしょうし、厳しい住宅事情や勤務事情などもあるでしょう。でもこれだけは確実に言えるのですが、核家族に身を置く子供よりも、三世代同居に身を置く子供のほうが、圧倒的にこころが育ちます。それは、お爺ちゃん、お婆ちゃんの道徳の教えだけがその理由ではありません。三世代の家族が言い分があって時には諍いもし、そして子供を叱ったり、諭したり、そのようにお互いが思いやりを持って絆を徐々に深めていくその家族模様が、子供のこころを育てていく……三世代同居の利点は、それに尽きるのです。それだけでも十分利他のこころは身につきます。

次にお勧めなのが、ボーイスカウトへの入隊です（女の子ならガールスカウトになります）。僕も息子を小学生の頃に入隊させていましたが、もちろん中高生の隊員もいます。

この団体は誠に素晴らしく、いろいろなボランティア活動で、利他のこころを育ててくれるので、安心して子供を預けることができます。

入隊しながら、受験勉強をさせてみるのはいかがでしょうか?

かくして、子供の頃から勉強だけでなく、このような教育を心掛けていれば、「失言、暴言政治家」はいなくなるのではないでしょうか?

「学ばせる」とは、勉強をさせることではなく、あらゆることを経験し、学習することを言うのです。

人は、どんなに頭が良く勉強ができても、こころがないと誰からも相手にされず、人も離れていき、やがて朽ちます。

逆に、多少頭が悪くたって、こころがある(利他のこころを持つ)人ならば、周りの人から惜しみなく協力を得られ、自然と人も集まり、やがて栄えます。

とどのつまりは、「人からモテる(好かれる)、そして感謝される」ことが、人が生きていくうえで何よりも大切であり、成功の財産となるのではないでしょうか?

おわりに

僕は、理不尽が大嫌いです。けれども、その気持ちが強すぎて、表に出てしまえば、時としてうるさがられ、嫌われ、挙句の果てには、自分には甘いくせに他人には厳しいのかと思われてしまいます。だからと言って、目をつむることで人間関係を上手く（調子よく）世渡りすることはよしとしないし、世の中のためになるものだとは断じて思いません。故にそのさじ加減がとても難しいのです。だから僕は日々、他人には厳しいが自分には甘くないかを自問自答しながら、調節するようにしています。

クルマの「夢の無人化完全自動運転技術」と謳われて久しいですが、技術革新の進歩のスピードはすさまじく、先日はついに一般道（公道）のテスト走行までこぎ着けました。しかも結果は良好であると言います。これは、僕ら50～60代が、80代以上の諸先輩に、まだ「はな垂れ小僧」と言われる年代であるとしても、おおよそ半世紀という歳月の間で、小中学生の頃から世の中の「自動車の技術の進歩」という風を読んでみましたが（小生、子供の頃からクルマ好き）、古き時代からの人間にとっては夢のまた夢で、本当に考えられないことだったし、生きている間にお目にかかれるとは、思いもしませんでした。

また「昔の人は、東京から京都や大阪まで歩いていったんだよ」というお爺ちゃんお婆ちゃんの教えに、「へーっ！」と、幼いながらに驚いたものでした。しかし目覚しい技術革新により、自動運転が現実となるのなら、無人運転自動車が人を乗せて街中を走る日が、もうすぐそこまできているし、実現後はダムの堰を切ったように、あっという間に無人運転がスタンダードになるに違いありません。その世の中を見た時、僕は感慨深く時代の変遷に思いを馳せるでしょう。

そして、新元号生まれの子供達に我々は、「昔の人達はね、クルマを自分で運転していたんだよ」と教え、それを聞いた子供達は「へーっ！」と驚く日がくるのかと思うと、その滑稽さと時の流れのあまりの速さに、思わず笑ってしまいます。なぜか苦笑いですが……。

しかし、事故が減って良し。「これでいいのだ」という意見はたしかにそうですが、だからと言って僕は、もろ手を挙げて賛成をするわけではありません。なぜなら、僕はクルマが大好きだし、ドライブファンでもあるからです。いつか時間がつくれたなら、愛車で日本一周の旅をしたいと思っています。そんな時、もし、日本の行政の過保護さと、「ことなかれ主義」的な発想で、「公道の手動運転禁止」の法律が制定され、「クルマを運転（手動運転）したい人は、サーキットか、遊園地のアトラクションに限られる」などと言いだしたら、僕は、断固反対しなければなりません。

本文で、人間はオギャーと生まれる前の母親の胎内から、不平等を被ると述べました。また、日本人は、ゼロリスクの呪縛があり、固執しすぎるとも述べました。人間は不平等を被りますが、多くの国々では、社会のルールとマナーを守れていれば、自由も与えられています。法に触れない限り、趣味も自由です。ならば、惑星の中では小さくて狭い地球に、人間が70億人も住んで生活していれば、心身ともに、どこかで衝突や事故、あるいは争いがあって当然です。したがって、ゼロリスクなんて絶対不可能だし、むしろ人間社会ではあることが当たり前だと覚悟のうえで、生きていくほかはありません。ましてや人間の寿命ほど、不平等で理不尽なものはないでしょう。ですがそこに、理不尽とも言える不平等が存在するから、人はそれに耐えきれなくなって、国や人のせいにするのだと思います。

それを国家がもてあましているところに、「無事故」「安全」ということに対して、人に至れり尽くせりを考えると、自動運転義務化法案なんて、おせっかいな立法をしかねないのです。

しかしながら、一見人に優しそうに思える法案も、別の項で触れたように、人の脳や身体を退化させやしないかと心配するのは、僕だけでしょうか？

だから国家はなんとかして、手動運転のファン・トゥ・ドライブ派と、自動運転派の共存共栄の知恵を絞り、めざすべきなのです。

今を生きる人生の緒先輩の方々が、運命的に乗り越えてきた、天災・事件・事故を顧みると、誠におおざっぱで恐縮ですが、もっとも古きを遡ると、関東大震災に始まり、以後、時系列的に並べると、大東亜戦争（太平洋戦争、第二次世界大戦とも言う。無論、東京大空襲・広島、長崎の原爆投下も含まれる）、1954年の洞爺丸台風、1964年の新潟地震、1974年の三菱重工ビル爆破事件、1985年の日航ジャンボ機墜落事故、1995年のオウム真理教による地下鉄サリン事件、阪神・淡路大震災、2008年の秋葉原無差別殺傷事件、2011年の東日本大震災が挙げられます。犠牲者の多い主な事件・災害を列記してみましたが、なにぶん僕の記憶の範囲内なので、失念していたらどうかご容赦ください。

これらの事件で、犠牲者や被害者になられた方々や、そのお身内の方々には、大変失礼な放言になることは、重々承知のうえで述べさせていただきます。

まず、なんと言っても、事件事故を起こす輩が一番悪いに決まっています。そこは動かせない事実です。けれども、その災難に遭遇して亡くなった方、ケガだけで済んだ方、遭遇したのに無傷で助かった方、そもそもその災難に遭遇しなかった方々など、おおむね人間には、四通りの人生があるように僕は思います。そしてその人生は、誠に理不尽ながらも、不平等であり、それこそが、人間が生まれた時から持つ運命、すなわち、「天命」です。もちろん、その遭遇の中には、病気もあるし、自ら引き起こした事故も含まれるのは言うまでもありません。なので、至極おおざっぱに言わせていただくと、もうかなり少なくなってはきたでしょうが、関東大震災から現在まで生き延びた人達が、一番長い「天命」を持っていることになるのです。

これからも健やかにして、その天寿を全うされることを願っています。

この本では、縷々、現代《いま》の人、特に若者達に説教してきたのですが、「じゃ、なんだよー。戦前の人や著者の代の人達と、今の若い僕らとどこが違うんだよ。四の五の言わないで、ひと言で言ってみろ」ともし言われたら、僕は「我慢」が足りないと言います。

そう、ひと言で申し上げるのなら、「我慢」です。ただし、この本で何度も申し上げたとおり、そこに年齢は一切関係ありません。すなわち、十代でもしっかり我慢ができる若者もいれば、誠に情けない話ですが、いくつになっても、我慢ができない大人ももちろんいます。だからそこに、一切の偏見はないとお断り申し上げておきます。

「我慢」は辛抱であり、忍のこころです。これは人間にとって、とても大切なものです。

しかし、これもまた、日本人を骨抜きのままにさせておきたい人というか、一部の偏向した教育者らは、「我慢はしなくて良い」と教えます。そんな我慢というストレスを抱えて生きていくから、または、そのことに苦痛を感じているから、自殺者が増えるのだという解釈です。でもこれは話の挿げ替えです。そんな自殺を考えるような事象は、我慢する必要はなく論外です。我慢のできる人とは、己の我を通すことをやめ、周りを見て、世のため人のために我慢が必要かを判断できる人のことです。また、それができるのは、地球上の動物の中で、唯一人間だけです。逆に言えば、厳しくなりますが、我慢のできない人は動物と同等だということです。

でもここで、「動物だって、我慢できるよ」という意見も聞こえてきそうなので、人間だけができる我慢とは「異質」なものだということを述べておきたいと思います。

まず、動物の親達が、子育ての時期に、自分が食べるのを我慢して、雛や子供達に餌を与えているではないか？　という意見がありそうですが、それは自分が食べたいのを我慢しているという意識はなく、動物は子育てそのものが「子孫繁栄」の本能なのです。

次に、飼い犬はちゃんと「お預け」や「待て」をして食べたいのに我慢するでしょ？　という意見もありそうですが、それも犬の社会が序列をつくるという、これもある種の犬の本能に近いもので、主人（最高位）に対する「絶対服従」という、言い換えれば「序列本能」のようなものです。

人間の「我慢」とは本能ではなく、あくまでも後天性であり、自己犠牲や利他のこころに類似したものです。ですから、こころが育たないとなかなか身につかないので、これからの人生の中で、いろいろな我慢を覚え、身につけていきましょう。

我慢することを申し上げたついでに、地球温暖化による、夏の猛暑日における「大人的」で利他な振る舞いについても、時事として放談しておきます。

気温が、35度を超える日を「猛暑日」と、気象庁の統一語でそう呼びますが、テレビの天気予報やニュース番組などで、「原則として、運動やスポーツは禁止です」とよく警告しています。では、なぜ禁止なのでしょうか?

別にその人の健康を考えた、余計なおせっかいで言っているわけではありません。ほんの少しだけ、周りを見渡せば分かるのですが、救急車の出動延べ回数を極力減らし、本当に重篤で緊急を要する患者に対する救命活動を守るためなのです。

救急車は、1人に1台だから、大変非効率な搬送といえ、近年では出動延べ台数が不足しています。たとえば、運動禁止の警告をした猛暑日に、性懲りもなく必要性のない娯楽や趣味や部活のための運動やスポーツをした人が、熱中症で1日に100人が救急車で搬送されたとします。そうすれば確実に、本当に重篤で1分、1秒の救急性を要した患者さんの命100人分を危険な状況に晒すということになります。

その警告を無視して、屋外で運動する人達はきっと、健康を配慮した余計なおせっかいで言っているると勘違いされているのでしょう。それとも、またもや、「権利・自由」を主張するような「運動をする、しないは、法律に触れない限り、本人の自由でしょ？」と思っている自己中心的な人か、どちらかでしょう。

ではなぜ、このような行動を起こす動機が存在するのでしょうか？　それはすなわち、「我慢」が足りないからです。利他のこころがあれば、警告の意味にすぐ気が付くはずなのです。それは、前述した「己の我を通すことをやめ、世のため人のために我慢することが必要かを判断できる人」のこころそのものです。

でもこれらの警告無視が常態化すると、深刻な状況になるので、猛暑日に運動をしたい人には、各自治体が条例で「許諾証」のような、首に掛けられるパスホルダーを配布するなどをすればよいと思います。それは、運動を許すという許諾ではなく、「猛暑日に娯楽目的で運動を遂行するので、万が一自分が倒れて救急性を要しても、重篤な患者の救急搬送が優先されることを許諾し、その一切の不慮を受け入れ、認めます」と、このような処遇を受け入れさせるのです。この処置と条例だけでも、警告を無視する人が半減するのではないでしょうか？

いずれにしても、この本を手に取っていただいている方々にはいないと、僕は思いたいです。

また、屋外スポーツ施設が自治体と組んで、少なくとも最高気温の時間帯は、閉鎖・中止の協力をする努力や、これが肝心なのですが、小・中・高・大すべての教育者達が、もっと部活などを厳しく戒めかつ、真摯に取り組むべき問題ではないでしょうか？

なお、プロの試合や競技は、これらとは全く別で、該当しないことを申し上げておきます。プロは職業であり、それでご飯を食べているのですから。


最後に、日本人の素晴らしいところ、若者も素晴らしくなって見直したところを述べていきましょう。

まず日本人の素晴らしいところ、それはやはり、「おもてなし」のこころに尽きるのではないでしょうか？ これは幕末に、証明できる記録が残っています。それは、渡辺京二先生の『逝きし世の面影』の中にあり、当時の日本を訪れた外国人の手記によって、日本人と触れ合ったエピソードが記されています。僕もだいぶ以前に読んで、いささか記憶が曖昧ですが、お話しします。

当時の外国人達は、いろいろな目的で訪日していました。旅行を楽しむだけに来た人もいれば、これが問題なのですが、少し前に日本に来て、自国のアメリカに有利な交渉ばかりの「日米修好通商条約」を締結させたペリーの影響のおこぼれをもらおうと、貿易でひと儲けしようとする「旅行者もどき」の悪徳商人のような人も来日していました。

しかしその「悪人」が、日本で農民に触れ、旅籠ではその宿主や女中に触れているうちに、日本という国と日本人をとても好きになり、悪徳の気持ちが萎え、「また訪れたくなる国。欧米より遥か東方の異国の島国に、こんなに素晴らしい国があったなんて……」と手記で感想を述べていたそうです。

いったい何が、どこが？　異国人にそう言わせたのでしょうか？　それは、まずひとつには、「歓迎」の意を思わせるような屈託のない「笑顔」に驚き、そして喜んだそうです。欧米にも「歓迎」の意はもちろんありますが、それは顔見知りであり、その国の人に対してだけであり、日本人のように生まれて初めて会ったような、しかも異国人に、笑顔の歓迎をすることなんて、絶対しないと言います。まずそのことに、驚きと喜びを感じたらしいのですが、日本人は当たり前のことをしただけにすぎないのです。

次に喜んだことについて異国人の手記には、「あまりの無警戒さと、人なつっこさに、驚いた」と書かれているそうです。

この性善説的な考え方による人に対する態度は、今でも地方の田舎のほうで、一部のお年寄りのこころの中にも生きているのではないでしょうか？　それはすなわち、田舎で言えば「集落」、都会で言えば、住宅地の「御近所さん」のために、日中はいつでも自由に出入りができるよう、家の鍵を開けっ放しにしておくことです。なぜ、僕がこんなことを言い切れるのかと言うと、家内の両親が群馬の外れの田舎出身で、東京に移り住んでも、玄関のドアをいつも開け っ放しにしていたからです。

「やだーっ、もぉー、また開けっ放しだよ」

家内の里帰りに付き合うと、玄関前でいつも必ずこの言葉から始まるので、思わず苦笑してしまいます。とはいえ、凶悪な事件が多いこの大都会で、下町と言えども心配になるので両親に注意を促すと、「あー、うん。でも、大丈夫だよ」と、馬の耳に念仏で意に介さず、危機感まるでなしの返事なのです。

しかしこれこそが、渡辺京二先生の言葉を借りつつ僕の考えも盛り込むと、「私にとって重要なのは、在りし日のこの国の文明が、人間の生存をできうる限り気持ちのよいものにしようとする合意と、それに基づく工夫によって成り立っていたという事実だ」という言葉とまさに符合する、いわゆる「おもてなし」のこころであり、日本の伝統ではないでしょうか？　ご近所さん達に、「いつでも上がって、お茶菓子を食べ、お茶を飲んでいってください」という姿勢の表れで、昔の家のテーブルやちゃぶ台には、必ずと言ってよいほど、飴やおせんべいにあんぱんなどが、菓子盆いっぱいに入れてあったことを思い出します。いつでも歓迎の意を示している、日本独特のおもてなし文化であり、世界中を見渡してもほかに類を見ない美点と言えます。世界中の教会やキリスト教徒の中にはいるかもしれませんが……。

欧米から来た商いスタイルで、「セルフサービス」と称する文化があります。しかし、この文化の直訳というか、和訳がありません。セルフサービスは、訳なしで、セルフサービスなのです。なぜなら、日本には「セルフサービス」という文化がなかったし、したがって適当な呼称もないからです。しかし、僕なりに日本語で意訳すると、セルフサービスとは、「サービスを求めたら有料です」とか、「おもてなしはありません」、あるいは「おもてなしは有料です」といった意味になるでしょう。

日本に来る欧米企業には、その昔、セルフサービスにはそれなりに目論見がありました。すなわち、おもてなしをカット（セルフサービス）にする代わりに料金を下げて、価格で勝負を仕掛けようと思ったのです。しかし、それは見事に外れたとまでは言いませんが、日本はあまり意に介さずでした。なぜなら、日本のおもてなしは、そもそもが無料であったし、プライスレスだったからです。

ことに、ビジネスに関しては、狡猾なアメリカに対して日本は、おもてなしにお金を取る（有料にする）気がないのです。その時点ですでに、アメリカ企業の負けです。日本の企業、特に個人経営のサービス業、すなわち飲食店をはじめ、ペンションや民宿は、アメリカや外資系企業の攻勢に十分に渡り合ってきました。なぜなら、セルフサービスでおもてなしのない、コストダウンの外資系ホテルと変わらない料金で、おもてなしをして、さらに夕食・朝食2食付きの民宿やペンションが、日本にはいくつも存在するからです。おもてなしを有料にする考え方の外資系サービス業と、おもてなしはこころであるから無料であり、プライスレスたるものだと認識している日本人との差が、そのまま表れています。

これが、世界に名だたる日本の誇り、「お・も・て・な・し」なのです。だから日本の商いのそれとは考え方が違う証拠に、グレードの高い外資系ホテルは必ずと言っていいほど、サービス料を取ります。それは日本で言えば、おもてなしを有料にしているのと同じことであるから、いつも興ざめしてしまうのです。特にホテル内のレストランの飲食代には、けっこう馬鹿にできないサービス料を乗せるから、勘定を間違えたのかと思ったり、何かサービスされたのかな？　とつい思ってしまいます。だいたい、サービスと部屋を提供して、宿泊料金を取っているのに、さらにレストランでサービス料を取ることが、僕はあまり理解できません。

しかし、最近、僕が閉口してしまうのは、さすがに温泉旅館ではあまり見かけませんが、日本のホテルが外資系のホテルと同様に、サービス料を取ることです。

外資系のホテルのマネをしているのか、はたまた感化されているのか、よく存じ上げませんが、プライスレスなおもてなしのこころを持つ国のホテルなら、どうか外資系のホテルと同じサービス料なんて、マネしないでほしいと思います。

次に、最近の軽音楽を通じて、若者の音楽に対する姿勢が素晴らしい。それは、母国語すなわち日本語を大切にして、歌詞に多用していることです。これは、国語や日本語の表現をよく勉強するか、たくさんの本を読むことでしか学べません。

先日、音楽の配信番組を偶然に観る機会があったのですが、若いがとても腕利きのクリエイター兼プロデューサー達が、日本のシンガーソングライター達を評価していました。中でも以前、英語と日本語織り交ぜていたシンガーが、晩年に日本語だけの歌詞を書き、挑戦した素敵な曲を賛辞していました。それだけに留まらず、10人前後のシンガーの書いた歌詞に「日本語の良さ、おもしろさがよく出ている」とか、「母国語で、こころを動かして掻き立てられるようなソウルフルな（魂を揺さぶる）歌詞をかくライターがトレンド」なのだというような評価もしていました。

僕はこの音楽番組を偶然にも見たことを、こころから良かったなと思ったし、現代の若者にも感心して見直すこともできて、少し安心しました。「ああ、こんなにも日本語・母国語を大切に思ってくれているなんて、まだまだ捨てたもんじゃないなぁー」と、とてもうれしかったです。それならばぜひ、政府がやろうとしている、小学校の国語・算数を減らし、英語を増やすというバカげた見解や政策は、声を大にして「反対」してほしいと思いました。

そして現代の若者達が、この国の正しい史実を学び、温故知新をし、かつての日本のように、大和魂と大和撫子の精神を取り戻すことを願い、今回はこの辺で、筆を置くこととします。
またいつの日か、本の中で、皆さんと出会える日を願いつつ……。

２０１８年８月３日

参考文献

『祖国とは国語』藤原正彦　講談社
『日本人の誇り』藤原正彦　文芸春秋
『松下幸之助に学ぶ部下を育てる12の視点』江口克彦　経済界
『生身の人間』曾野綾子　河出書房新社
『人間の分際』曽野綾子　幻冬舎
『本物の「大人」になるヒント』曽野綾子　海竜社
『国家の徳』曽野綾子　扶桑社
『私の危険な本音』曽野綾子　青志社
『魂を養う教育悪から学ぶ教育』曽野綾子　海竜社
『日本人の甘え』曽野綾子　新潮社
『慰安婦像を世界中に建てる日本人たち』杉田水脈　日本工業新聞社
『なぜ私は左翼と戦うのか』杉田水脈　青林堂
『戦後歴史の真実』前野　徹　経済界
『戦後七十年の真実』渡部昇一　扶桑社
『子々孫々に語りつぎたい日本の歴史』中條高德／渡部昇一　致知出版社
『おじいちゃん戦争のことを教えて』中條高德　致知出版社
『おじいちゃん日本のことを教えて』中條高德　致知出版社

『日本が戦ってくれて感謝しています』井上和彦　日本工業新聞社
『見せかけの正義の正体』辛坊治郎　朝日新聞出版
『この国で起きている本当のこと』辛坊治郎　朝日新聞出版
『ニュースで伝えられないこの国の真実』辛坊治郎　KADOKAWA
『日本の決断』櫻井よしこ　新潮社
『「正義」の嘘』櫻井よしこ／花田紀凱　産経新聞出版
『大放言』百田尚樹　新潮社
『報道が教えてくれないアメリカ弱者革命』堤 未果　海鳴社
『沈みゆく大国アメリカ』堤 未果　集英社
『韓国人による恥韓論』シンシアリー　扶桑社
『韓国人による沈韓論』シンシアリー　扶桑社
『これからの世界をつくる仲間たちへ』落合陽一　小学館
『戦争犯罪国はアメリカだった！』ヘンリー・S・ストークス／藤田裕行（訳）ハート出版
『アメリカ人が語る アメリカが隠しておきたい日本の歴史』マックス・フォン・シュラー　ハート出版
「正論」２０１５年５月号　産経新聞社（米占領軍の日本洗脳工作「ＷＧＩＰ」文書、ついに発掘　関野通夫）
「Wedge（ウェッジ）」２０１７年５月号　株式会社ウェッジ（築地移転問題に見る日本の病巣　中西準子）
『逝きし世の面影』渡辺京二　平凡社

筆者について

1961年、小さな町工場の零細企業経営者の三代目として埼玉県に生まれる。

キリスト教カトリックの中高を経て、拓殖大学政治経済学部経済学科に入学。この頃から、家業を継ぐような話をされ、徐々に後継者の自覚を持つようになる。先代の父から「家業は特殊な業界なので、卒業後すぐに家業に入って欲しいから、他人の釜の飯を食う苦労は学生のうちに……」と言われたので、大学時代は、勉強よりアルバイトに明け暮れる。しかし、その頃の経験や社会人との交流が、世の中のルールやマナー、秩序等を学ぶ貴重な経験となった。中でも、学生指導者のアルバイトやボランティアの活動が、道徳や秩序を重んじるきっかけとなっている。

卒業後、父の会社の後継者として入社し、主に営業を任され、17年間営業業務に携わり、大いに人情の機微に触れ、2001年、代表取締役に就任、現在に至る。「今の優秀な部下達がいなかったら、執筆なんてありえなかった」と断言できるくらい、小さな会社のわりにはよい人材に恵まれ、最近では自社の実務から片手間が省けるようになった。

そんな人生の時を経て、部下のおかげもあり、自分の時間に少し余裕ができたので、永年の夢であった今回の執筆と相成る。
一妻一男の３人暮らしで、日々に感謝をしながら過ごしている。

著者プロフィール

細井 みつを（ほそい みつを）

1961年、埼玉県に生まれる。

拓殖大学政治経済学部経済学科卒業。

父のすすめで、学生時代に数多のアルバイトをする。その経験から、ルールやマナー、秩序を学んだ。特に学生指導者のアルバイトやボランティア活動が、道徳や秩序を重んじるきっかけとなった。

現在3代目として、小さな町工場を経営している。

日本、一億人総幼稚時代

2019年4月15日　初版第1刷発行
2019年9月15日　初版第2刷発行

著　者　細井 みつを
発行者　瓜谷 綱延
発行所　株式会社文芸社
〒160-0022 東京都新宿区新宿1－10－1
電話 03-5369-3060（代表）
03-5369-2299（販売）

印刷所　株式会社フクイン

ISBN978-4-286-17984-1